正しいブスのほめ方
プレミアム

トキオ・ナレッジ

宝島社

DEBU

DASAI

はじめに

人間は2種類に分けられます。ブスをほめられる人、そして、ほめられない人です。
もしも「はぁ? ブスなんてほめても意味なくない!? バカなの? マジウケる!」なんて思っている方がいるとしたなら、衝撃的かつ絶望的な事実をお知らせしなければなりません。
ブスをほめられるか否かは、すべての人間力に通じています。

「ブスをほめられない人」=「人を見た目だけで判断する人」=「物事を一方向からしか見られない人」=「考えが浅く、応用力がない人」です。彼あるいは彼女たちは、いわゆる性格ブスで、ネガティブで積極性&想像力が欠如しており、すぐ諦めたり、苦手なものからすぐ逃げる習性があります。のみならず、目先のことしか考えられないくせに上から目線、などの特徴が挙げられます。
一方、ブスをほめられる人というのは、人を見た目だけで判断せず、ポジティブで努力家、観察力があって思慮深いものです。「大げさか!」とツッコむ方もいらっしゃるかもしれませんが、残念ながらマジです。マジでガチでリアルです。

BAKA

DOUTEI

どちらが人に愛されるか、世の中を上手に渡っていけるか、お葬式に何人来てもらえるか、考えなくてもおわかりでしょう。そうと知ってなお「ブスほめるとか、ないわ〜」とおっしゃる方は、お代は結構、どうぞ残念な道を邁進してください。逆に改心したいという方は、とてもラッキーです。これから先の人生、グイグイ右肩上がりになることでしょう。

大前提として、人をほめることに躊躇は無用です。ほめられて嬉しいのは人だけでなく、犬やキリンを含む全哺乳類の共通認識。たとえ謙遜されたとしても、それは照れているだけです。普段ほめられ慣れていない人なら、なおさら。それが明らかな社交辞令ではなく、的確なものであればあるほど、ブスはあなたに絶対的な信頼を寄せてくれるようになります。
ここでとても重要なのは、この「ブス」を「美人」に置き換えても同じことが言えるという点です。
ブスをほめられない人が美人にかけるほめ言葉NO.1は、どうせ「おきれいですね」でしょう。これはたとえ本心であったとしても、す

GOSSIP

DQN

でに言われ慣れていて心に刺さるはずもありません。「天気がいいですね」と言っているのと同じです。**ブスすらほめられない者が、美人をほめられるはずがないのです。**

ほめるには、まずブス（あるいは美人）に興味を持ち、相手のことをよく知らなければなりません。とはいえ、ブスに興味を持つのはなかなかの苦行でしょう。美人のことを知るというのも、それはそれで難しいものです。
だからと言って、**あきらめてブスをほめない人生を選択する必要はありません。まだ間に合います。本書を読んでいただければ、思ったより早めにまだ間に合います。**もちろん、最初からブスをほめられる勝ち組も、本書を読むことでさらに人間力増し増しになることでしょう。

本書ではブス（あるいは美人）に代表される、あらゆるほめようのなさそうな人（ほめづらい人）たちの生態を紐解いています。そのプロセスを経て、彼らが何を欲しているのか、どうほめられると喜

BITCH

CHARAO

ぶのかを、世界で初めてつまびらかにしているのです。
"ブス3種盛り（ノーマル・自称・自覚しすぎ）"をはじめとして、外見にコンプレックスを持っているチビ・ハゲ・デブ、クセの強いメンタルでやっかいなジコチュウ・超体育会系・童貞・マザコン・意識高い系、そしてほめられ慣れている美人・巨乳・イケメンなど、接する際の注意点やコツとともに全70タイプのほめ方が網羅されている本書さえあれば、フレーズ一発でブスもダメ人間も、元ヤンも社畜もビッチも、どギャルも酒乱もDQNもメロメロです。必ず「また会いたい」と思わせることができることでしょう。まさしく、「平成のコミュニケーション・バイブル」と呼ぶにふさわしいと言えます。

人をほめる効果は、相手を気持ちよくさせるだけではありません。たいていの場合、ほめれば相手もほめてくれます。愛して欲しいなら、まずは愛すること——"ほめ"は人のためならず。さっそく本書を持って街に出て、愛をバラまきましょう。あちこちで、ブスがあなたを待っています。

トキオ・ナレッジ

ほめロジック

Praise logic

この成功法則さえ理解していれば、どんな相手が来てもほめ放題！ たじろぐこともなくなるでしょう。

1
Praise logic

美人より
ブスをほめる

大切なのは、ほめるところを"探す"こと。ブスをほめるには視点（価値観）をズラしたり、よく観察したりというポジティブな努力を要します。結果として成功すれば、美人をそのままほめるのとはケタ違いの信頼をブスから寄せられることになります。

2
Praise logic

ウソはつかない

ペラペラのウソほめフレーズは、ブスを悲しませこそすれ、本心から喜ばせることは絶対にありえません。コンプレックスと正面から向き合った努力の向こう側にあるほめポイントだけが、ブスを笑顔にさせる力を持つのです。また、ほめ言葉に気持ちが入っているといないとでは、伝えようとする思いの強さはもちろん、伝わり方も全然違います。

相手のギャップを見つけられたら、それは絶好のほめチャンス。例えば見た目がごりごりのギャルだったら、その所作や言葉づかいの中にギャルらしくないところを探してみましょう。「箸の使い方がきれい」「敬語を使える」なんて当たり前のことが、ギャップでほめポイントに早変わりするのです。

Praise logic

ギャップを
見つける

3

Praise logic 4
長所に気づかせてあげる

「もっと伸ばせば長所になるのに!」という薄〜い長所こそ、積極的にほめていきましょう。自覚させることによって、本人も「もっと長所を伸ばそう」という気持ちが芽生えるはず。長所が伸びたら、後々感謝されるのはあなたです。

Praise logic 5
逆転の視点

一方から見れば短所でも、別の角度から見れば長所になったりするものです。成功している社長はだいたいワンマンだったりしますが、それはジコチュウと表裏一体。欠点はスルーしたり蓋したりせず、角度を変えて見るクセをつけましょう。

Praise logic 6
ターゲットとポイントを見極める

"THEほめて欲しがり"を察知するのは簡単ですし、響きやすいでしょう。けれども一番効果的なのは、ほめられるとは思ってもない人の"よもやほめられるとは思ってないところ"を突くこと。この見極めがフレーズの効果を一層引き立ててくれるのです。

Praise logic 7
オリジナルフレーズで響かせる

「すごくセクシーだよね」では"普通"ですが、例えばこれを「セクシーが滴り落ちてるよね」と表現してみましょう。おかしな表現ですが、だからこそ印象に残るのです。多少突飛な日本語でも、「ほめられた」という印象を残すために、フレーズにはオリジナリティを持たせましょう。

成功法則、お教えします

覚えておきたい！ ほめ方アラカルト How to praise

TPO Time, Place, Occasion

タイム、プレイス、オケージョン――3つの要素が揃ってこそ、ほめは心に刺さるもの。外すと目も当てられません。

1

Time, Place, Occasion

大勢の前より少人数

たくさんの人で盛り上がっている時には、せっかくのフレーズがかき消されたり、ちゃんと聞いてもらえなかったりします。渾身のフレーズを「え？ なんか言った？」なんて聞き返されるほど恥ずかしいことはありません。少人数で確実に伝わる環境を選びましょう。慣れてきたら、多くの人が共感してくれそうなフレーズをあえて大勢の前で言ってみましょう。周りの援護もあるので効果がアップする場合もあります。

3

Time, Place, Occasion

飲みの席はNG

相手の酔い加減にもよりますが、ベロベロの相手にほめフレーズを使っても全然響かないどころか記憶に残りません。のれんにほめ言葉です。隣で学生がコンパをしているような騒がしいお店も、聞き取ってもらいづらくなるので避けましょう。

Time, Place, Occasion

効果的な時間帯を選ぶ

2

もっともよいのは、相手と別れるちょい前。早すぎるとその後の会話で、ほめフレーズの印象が薄れてしまいます。"本日のまとめ"としてほめフレーズを使うことで、帰り道でじっくり思い返してもらう効果が期待できます。

Time,Place,Occasion

4 相手の立場を考える

例えば、上司の前で先輩の仕事能力の高さや人気をグングンにほめた場合、上司の先輩への評価が上がることもあります。けれども上司によっては嫉妬して「ほめる相手、間違っとりゃせんか？ おぉ？」と機嫌を損ねてしまいかねません。

Time,Place,Occasion

5 聞いている人を確認する

ほめフレーズは相手を変えれば何度でも使えます。けれども気をつけないといけないのは、すでに使った人がいるところで、別の人に使ってしまうこと。みんなに同じことを言っている"クソほめ尻軽野郎"認定されてしまいます。

誰かがあなたのターゲットを先にほめて気持ちよくさせていたとしても、ライバル心を燃やしてはいけません。ほめることに意識を取られすぎると場の空気が読めなくなりがちです。結果、ターゲットは満足させられても、周囲から"無差別おべっかマシン"認定されてしまいます。

Time,Place,Occasion

6 人と競わない

Time,Place,Occasion

7 不意に使う

お祝いの席で繰り出しても、ターゲットはほめられ耐性が強くなっているので効果減。かといって険悪ムードで使うと、せっかくのほめフレーズがその場を取り繕うための言葉にしか聞こえません。基本は不意打ちです。ほめる必要のないところでスッと差し込みましょう。

間違えるとこうなります

言い方 Expression

ほめ方アラカルト
How to praise

ときにやさしく、ときに激しく、ひっそり小声で、あるいは声を張って——言い方1つで、効果はまるで違います。

1 Expression
とにかく明るく

半笑い、しかめっ面、ふるえ声など表情や声のトーンによっては、せっかくのほめフレーズが台なしです。嫌味やイジっているように思われたら逆効果。ポジティブ全開でぶつけましょう。フレーズや場の雰囲気によっては「冷静に言う」のも効果的。客観的に努めることで、より一層"本当にそう思ってる感"が出せる場合もあります。

2 Expression
コンパクトにまとめる

ほめフレーズは印象に残るインパクトが大切。キャッチコピーと同じように、まずはコンパクトにまとめましょう。はまりきらない補足は後でつけ足せばOK。「それどういう意味!? もっと詳しく聞かせて!」と興味を引かせられるとgood！

Expression 3
聞かせる"間"

いきなりフレーズだけをぶつけると、聞き逃されてしまうことがあります。「前から思ってたけど」「なんだかんだ言って」「それにしても」などをフレーズの前につけることで、聞かせる間をきちんと作りましょう。

4
Expression

NOT LOVE感

相手が異性だと、フレーズによっては「この人、私に好意があるのかも」と勘違いさせてしまう危険があります。使う相手が初対面やあくまで友人なら、感情は込めても愛情は込めないこと。意中の相手なら＋ボディタッチでいきましょう。

6
Expression

自信満々で伝える

ほめフレーズは相手に自信をつけさせるためのもの。唇をふるわせ目が泳いでいたのでは響くはずがありません。根拠はなくとも「誰がなんと言おうと私はそこを評価する！」という心意気を、胸を張って伝えましょう。とはいえ「ほめるぞ！」と意気込むと、タイミングを間違えたり無理やりねじ込んだりといったミスを犯してしまいます。「言えたら言う」くらいでゆるく考えましょう。

7
Expression

相手の感情に合わせる

相手のほめポイントがコンプレックスの場合もあります。相手の感情によっては、慰めるようにほめるのも手ですが、「そこがお前のいいところだろ！ 気づけよ!!」と怒るのもアリです。

5
Expression

感情は5割増し

「驚いた」「楽しい」「おもしろい」といった感情は、ウソくさくならないギリギリのラインで最大限に表現しましょう。気持ちのよいリアクションは、ほめフレーズをさらに効果的にしてくれます。恥ずかしがらずに感情増し増しを心がけてください。

鏡の前で練習しましょう

CONTENTS

002 はじめに **006** ほめ方アラカルト
ほめロジック／TPO／言い方

MISSION.1

見るからに損している人
のほめ方

- **018** ブス
- **022** デブ
- **026** ハゲ
- **030** チビ
- **034** 人見知り
- **038** 元ヤン
- **042** ダサい人

MISSION.2

完全にウザい人
のほめ方

- **048** 超体育会系
- **052** 健康オタク
- **056** 忙しぶる人
- **060** 不幸自慢
- **064** かまってちゃん
- **068** 若手成金
- **072** 親バカ
- **076** ジコチュウ

MISSION.3

限りなく残念な人
のほめ方

- 082 バカ
- 086 ダメ人間
- 090 方向音痴
- 094 料理下手
- 098 存在感ゼロ
- 102 フラれたて
- 106 バツイチ
- 110 毒舌家

MISSION.4

逆にほめづらい人
のほめ方

- 116 イケメン
- 120 美人
- 124 巨乳
- 128 オシャレ番長
- 132 料理上手
- 136 キャリアウーマン

MISSION.5

まあまあ浮いている人
のほめ方

- 142 下ネタ大王
- 146 老けすぎている人
- 150 若づくり
- 154 童貞
- 158 ネガティブさん
- 162 説教好き

MISSION.6

無駄に がんばってる人
のほめ方

- 168 自称・ブス
- 172 アラフォー夢追い人
- 176 社畜
- 180 便乗野郎
- 184 なぜかモテないくん
- 188 ゴシップBOY
- 192 意識高い系

MISSION.7

なかなかに 生きづらそうな人
のほめ方

- 198 自覚しすぎブス
- 202 ビッチ
- 206 B型
- 210 貧乳
- 214 アラサー処女
- 218 若いのにおっさんくん
- 222 マザコン

MISSION.8

ほとんど病気な人
のほめ方

- 228 恋愛中毒ちゃん
- 232 欲しがりちゃん
- 236 遅刻魔
- 240 ウソつき
- 244 偽サバ子
- 248 スマホさん

MISSION.9

けっこうヤバい人
のほめ方

- **254** 酒乱 GIRL
- **258** オカルトちゃん
- **262** どんくさBOY
- **266** マジMくん
- **270** 性豪
- **274** アラサー貧乏くん
- **278** DQN

MISSION.10

だいぶ
イッちゃってる人
のほめ方

- **284** パーティピープル
- **288** 欧米かぶれ
- **292** 自称・恋愛マスター
- **296** 腐女子
- **300** どギャル
- **304** 勘違いブス＆
  ブサメンカップル
- **308** チャラ男
- **312** 決めつけ野郎

316 もっと！ほめフレーズ集

MISSI

見るからに損している人
のほめ方

ON 1

ブス、デブ、ハゲ、チビ etc.……
どこからどう見ても損しかしていない人々にだって、ほめるポイントはあるんです。それをこれから、じっくり検証していきましょう。

mission 1-1

ブス
////////////// の正しいほめ方 //////////////

ブスを知る

というわけで、まずは「ブス」をほめるテクニックをご紹介する前に、その生態を知ることからはじめましょう。そもそも「ブス」と一口に言っても、大きく分けて2つのブスが存在します。それは「許せるブス」と「許せないブス」です。

許せるブスとは「ブスでも性格がよい」ブス、「許せないブス」とは「見た目もブスな上、性格もブス」なブスです。とはいえ、「許せる」「許せない」の基準は、個人の主観で大きく左右されることでしょう。

「はじめに」でも触れましたが、許せるブス、許せないブスともに、それを補う突出した何かを内包しています。例えば「同性の友達が多い」「グループのリーダー格であることが多い」「美人の参謀的存在が多い」など。ブスを味方につけることができれば、仕事からプライベートまで、より充実した毎日を得ることができるでしょう。ぜひ、ほめてあげてください。

「許せるブス」

- 明るい
- 愛嬌がある
- よく笑う
- 同性の友達が多い
- ブスを自覚している
- 行動力がある
- 初対面は敬語
- 絵に描きやすい　etc.

「許せないブス」

- 恋愛上級者だと思っている
- 仕事ができると思っている
- ネガティブ
- 清潔感がない
- グループのリーダー格
- 下ネタに過剰反応する
- 理想が高い
- プライドが高い
- いきなりため口　etc.

見た目でわかる！ブスの生態

- バッグが常時開いている
- どこでもすぐに座る
- 自分の体型を考えずに服を選ぶ
- ものすごく歩きにくそうな靴を履いている

　たとえ顔は美しくもかわいくもなくても、自覚して努力しているブスは好感が持てます。ブスがブスと呼ばれるのは、顔だけが原因ではないのです。「ブスがかわいい格好してると余計に腹立つ！」という方もいらっしゃいますが、それは自分をかわいいと思っている勘違いブス。立派なブスです。自覚ブスの努力と同じにしてはいけません。その見分け方は生態からもわかるように、圧倒的な不潔感と雑感。「生理的に無理！」のデパート的存在がブスです。この違いを踏まえてもなお「ブスはブス！」だと思うあなたは、相当な性格ブスです。改めた方がよいでしょう。

mission 1-1

正しいブスのほめ方

どこか外国の血、入ってる？

ポイント | ONE POINT ADVICE

「あれ？ よく見ると」を前につけるような感じで言えば good！ 誰がなんと言おうと俺にはそう見える！と思い込みましょう。

同ロジックのほめ言葉

「アジアン・ビューティーだね」
など

外 国に憧れの強い日本人にとって、まさに鉄板のほめフレーズです。もし「え？ どこの国？」と聞かれたら、肌の色が白い場合は、スイスやスウェーデンなど西欧の国を挙げておけば間違いないでしょう。

小麦色なら「ラテン系」「エキゾチック」など、抽象的な表現でありながら、ポジティブなイメージがある雰囲気ワードでごまかしましょう。間違っても「日本語がおかしいから」なんて言ってはいけません。

WARNING! 1 大げさに表現しても、ウソはつかないこと

ブスはその容姿とともに歩んできた人生経験から、ほめられることにかなり疑い深くなっている人も少なくありません。「めちゃくちゃモテそう！」「アイドルとか目指そうと思わなかったの？」など、思ってもいないほめ言葉は逆効果を生んでしまいます。

WARNING! 2 容姿がブスだからこそ、容姿をほめる

ブスは過去現在未来において、まったくほめられたことがない、というわけではありません。ブスをほめる当たり障りのないフレーズとして、「雰囲気がいい」「いい人そう」「友達多そう」「浮気しなさそう」というのがありますが、ブスにとってこれほど言われ慣れたフレーズはありません。

WARNING! 3 ほめた点が自分の好みであるとは絶対に言わないこと

相手が異性である場合は少し注意が必要です。ほめる言い方によっては、「お、この人、自分に気があるな」となります。特に普段、ほめられ慣れていない人には、「付き合ったら楽しそう！」「一緒にいたら安心する」など、気を持たせるようなほめ方をしないように十分注意しましょう。

あるいは、こんなアプローチ

全体的に見てブスでも、パーツ別で見ると1つくらいは男前、美人なポイントがあるはずです。目、鼻、口元、耳、眉毛、ほっぺた etc……。この時、「かわいい○○だね」と単純にほめるのもいいですが、ほめるパーツすらなかった場合は、「口元が田中麗奈に似てるね！」「眉毛が堤真一に似てるって言われない？」など、名前は具体的だけど、そのパーツを詳しく思い出せない人を出しましょう。画像検索をされる前に、話題を変えるのも鉄則です。

 その他、おぼえておきたいフレーズ集

ウソつくのがうまそう

昔ちょっとヤンチャしてったっぽい！

面食いそう！

mission 1-2

デブ
の正しいほめ方

デブを知る

ビジネスの社会では「デブは自己管理ができていない証拠。そんな人に重大な仕事は任せられない」と、それだけで出世の道を絶たれることもあります。日常生活でもどんくさい、邪魔、汗臭い、醜いなど、タレントか相撲取りにでもならなければ、デブの肩身はかなりせまい世の中です。他人から見てそんなイメージなだけでなく、本人たちもそれ相応の劣等感を持っています。

心ない人は「だったら痩せりゃあいいじゃねえか！ ピザ野郎‼」と思われるかもしれませんが、そう簡単に痩せられたら、なんの苦労もいりません。劇的なダイエットの結果は本やハウツーDVDだけで数千万円を稼ぐ力を持っています。つまり、デブが人並みに痩せるということは、あなたが年収数千万円を稼ぐのと同じくらいの努力が必要なのです。そう考えれば、並の人にはほぼ不可能な領域であることが容易に想像できるでしょう。

それではまず、ほめる前の下準備からはじめましょう。デブに対して好印象を持っている人は特に必要ありませんが、やはりデブのイメージはお世辞にもよいとは言えません。よい印象がないものをほめるのは、非常にストレスが溜まる行為です。まずは、気持ちの中でイメージアップを図りましょう。これはすごく簡単です。頭に「デブなのに」をつけるだけ。例えば「おかわりをしなかった」。これだけでは別に何のプラス感情も起こりませんが、「デブなのに、おかわりをしなかった」と考えればどうでしょう？ なんとなく、よく思えてくるから不思議です。

あとは、「デブなのに、字がきれい」「デブなのに、映画に詳しい」「デブなのに、電車で席を譲った」「デブなのに、早起き」などなど、たった一言を頭につけるだけで、なんでもイメージアップしてしまいます。もちろんこれは、「気持ちの中」だけでやってください。口にすると「バカにしてんのか！」と

体が大きいので、手に持つものがかわいく見える

 体型のわりに足は細い人が多い

栄養の高い食生活をキープできている。貧乏人は少ない

身につけているものに注目すると、意外にオシャレさんが多い

見た目でわかる！デブの生態

怒られてしまいます。あくまでも、あなたの中でデブに対するイメージをよくしていく下準備です。

　印象がよくなれば、自然とプラスなところに目がいくようになるでしょう。**前**を歩いているデブの服装を見て、知り合いと思ったら全然知らないデブだった……という経験がある人も多いと思います。彼らはその体型から、「服のサイズ」には日々お困り。ですからその分、デブ同士でファッション情報は盛んに交換されています。そのゆえに、デブたちのファッションの趣味嗜好はどうしても似てしまうのです。デブに後ろから声をかける時は、ちゃんと顔を確認しましょう。

MISSION 1-2
正しいデブのほめ方

キミがいるといないじゃ、全然違う！

ポイント | ONE POINT ADVICE
真意は頭に「デブだから」がつくものの、そのままの意味なので、特に言い方にコツは必要ありません。ポジティブさを出すために笑顔を心がけて。

同ロジックのほめ言葉
「いないとかなり寂しいよね」
「メンバーを思い出すと、最初に出てくる率高いよ」

デブにデブと言ってはいけない（特に女性）のは誰でもわかります。しかし、「デブ＝存在感」という点に着目すれば、急に活路が開けてきます。もちろん、見た目の存在感だけなのですが、それを伏せれば「自分を頼りにしてくれている！」「自分がいたほうが楽しいんだ！」と勝手に変換してくれます。ただし、あまりに強調したり使いすぎると、調子に乗らせてめんどくさい存在になってしまう恐れがあります。

WARNING! 1　自称デブに注意

世の女性のほとんどは「自称デブ」です。たとえあなたがそう思っていなくても、「デブ」というワードには敏感です。「これは暗に私のことを言っているのではないか……？」と勘ぐってしまいます。女性にとってデブの基準は主観であることが多いのです。

WARNING! 2　主観が入ったほめ方をしない

基本的にデブは恋愛経験がそんなに多くありません。そんな人たちを異性がほめると、耐性がない分、すぐにその気になってしまいます。ほめる時はなるべく主観を入れず、例えばデブに言ってしまいがちな「優しそう」も、「優しいって思われてそう」という具合にワンクッション挟むといいでしょう。

WARNING! 3　お世辞はやめよう！

特に女性同士は、体型に関してお世辞を言いがち。お世辞というより「ウソ」といっても差し支えないほどです。親友と思うのであれば、はっきりと「痩せたほうがいい」と言ってあげましょう。言いましょう。明日、言いましょう。

あるいは、こんなアプローチ

生態でも触れましたが、デブにはそれをカバーするようにオシャレな人が多いので、そこに目をつければ、ほめポイントを見つけやすいでしょう。

それでもほめポイントがなければ、「年齢よりも若く見える」がよいでしょう。

単に肉のせいでパンパンに顔の皮が張っていてシワができにくい結果ではありますが、それでもプラスはプラス。使わない手はないでしょう。

etc... その他、おぼえておきたいフレーズ集

安心感がある！

気持ちよさそう！

絶対、いいママ（パパ）になりそう！

MISSION 1-3

ハゲ
の正しいほめ方

ハゲを知る

身体的な欠陥を笑うのは人としては最低です。しかも、それが本人の意思とはまったく関係なく、遺伝子レベルの問題であればなおさら。しかしこれが、ことハゲに関してはまったく適用外とされています。なんだったら、人を笑わせるためのハゲヅラがあるほど。さらにハゲを隠そうとカツラなんてつけようものなら、さらに笑いのタネになってしまいます。

「どんなイケメンでもハゲたら終了」

悲しいかなこれが日本人の定説です。女性は本人の前では絶対に言いませんが、付き合えない条件ランキングで「ハゲ」はかなり上位にランクインしていますし、「結婚後、だまされたと思うことは？」ランキングにも「ハゲた」は上位の定番です。

「自分がなるのだけは本当に絶対に完全にイヤ！」

それがハゲです。そんな気持ちで相手をほめても同情や慰めにしか聞こえず、プライドの高い人には逆に不快に感じられてしまいます。心からほめるには、やはり「憧れ」が必要。となると、ハゲ以外の長所を探すのが手っ取り早いでしょう。

とにかく「ハゲ」がマイナスに考えられているのは主として恋愛に関係すること。仕事や運動神経などにはまったく関係がありません。探すところはいくらでもあるでしょう。とはいえ、ここでは「ハゲをほめる」のがテーマです。

だったら「ハゲ」が持つイメージからプラス面を引き出して考えましょう。例えば、「絶倫」というイメージがあります。男性にとっては羨ましい要素ではないでしょうか。しかし、あなたが女性であった場合、これは確実に誘っているアピールになってしまうので、「セクシー」あたりに置き換えるといいでしょう。実際、欧米でハゲがモテたりする理由はこのイメージからです。なので「外国に行ったらモテそう」も効果的です。

見た目でわかる！ハゲの生態

- 心の拠りどころはハゲのハリウッドスター
- 結婚しているハゲと未婚のハゲの間には絶望的な格差がある
- ハゲの原因は100%遺伝であると信じている
- ハゲをカバーするかのように、オシャレな人が多い

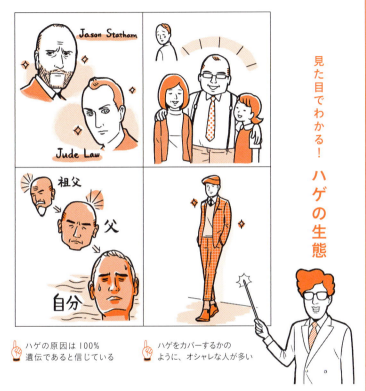

ハゲを一番気にしているのは、やはり本人。ハゲ歴3年であろうが祝30周年であろうが、常に気にしているもの。人によっては「ハゲ」を補うためにオシャレに努力したり、いっそのことスキンヘッドにしてみたり、あらゆる健康法を試してみたり……。そう考えると努力するハゲはハゲていない人よりも、さまざまなことについて知識は豊富と言えます。

男性にとって、明日は我が頭。年齢、立場は関係なく「将来は先輩になるかもしれない人」として失礼のないように接しましょう。

mission 1-3

正しいハゲのほめ方

でも、ジェイソン・ステイサムみたいでかっこいいですよ!

ポイント | ONE POINT ADVICE

少し羨ましさを込めて言いましょう。大げさになってしまうと逆にバカにしているとも取られかねないので、真顔がベスト。ニヤニヤしてはいけません。

同ロジックのほめ言葉

「ブルース・ウィリスみたい!」
「ニコラス・ケイジっぽいよね」
など

ハゲてる人の前で髪型トークは地雷ですが、時にハゲ自ら振ってくる場合もありえます。そんな時は、M字ハゲ、カッパハゲ、つるっぱげなど、その人のハゲパターンに合わせたハリウッド俳優の名前を常備しておきましょう。ハゲでもかっこいいとされているハリウッド俳優はたくさんいるので、どんなパターンでも対応できるはずです。

顔のつくりが違っても、強調すべきは似合ってるかどうかです。

WARNING! 1 「ハゲ」ではなく「薄い」

「ハゲ」という言葉は、言われ慣れていても、けっこうパンチのある言葉です。なるべく「薄い」「寂しい」という言い回しにしましょう。自分で「ハゲてるからさぁ」と自虐的に「ハゲ」を使うハゲも少なくないですが、自分で言うのと人に言われるのはまた別。あなたは「薄い」「寂しい」などを徹底しましょう。

WARNING! 2 視線に注意

なんとかある分でだけでもごまかそうとして、四方八方から寄せ集めたりすることで、逆にハゲが際立つ人もいます。そんな時、思わず目が行ってしまいがちですが、本人が気にしていればいるほど、あなたのその目線には敏感です。目線は頭に向けないようにしましょう。

WARNING! 3 気をつかいすぎない

ハゲの人が近くにいると、「(塗装が)ハゲちゃった」「つるつる」「抜けた」など、ついつい言葉選びも慎重になりがち。しかし、日常生活で普通に使う言葉をわざわざ言い換えるほうが不自然。周囲に気をつかわせていると思ったハゲの抜け毛を助長させてしまいます。

 あるいは、こんなアプローチ

生態にもあるように、オシャレに気をつかっている人も少なくありません。そこをほめる場合は他のハゲと比較するとさらに効果的です。例えば相手がハゲを自嘲した場合、「いや、ハゲてるって言っても○○さんは、オシャレなんで、ほかのハゲとは全然違いますよ。きったねぇハゲとか、いっぱいいるじゃないですか。○○さんは全然いいハゲです」など。オシャレは主観的なものなので、あなたがそう思えば(思い込めば)、ウソにはなりません。

 その他、おぼえておきたいフレーズ集

ハゲてなかったら、俺なんて何1つ○○さんに勝てるところがない

ハゲの中でも正解のハゲ方ですよ

○○さんのハゲは言われなければ、全然気にならない

ホントにハートが強いよね！

MISSION 1-4

チビ

############### の正しいほめ方 ###############

チビを知る

男性にとって、人生を大きく左右する身長。ハゲのようにごまかすカツラがあるわけでもなく、デブのようにダイエットすればいいというわけでもない。チビに生まれた以上、もうどうしようもありません。だからこそ、「チビ」は「ハゲ」「デブ」と並ぶ三大コンプレックスの中でも、もっともコンプレックスが強いと言えます。

しかし、「チビ」はどうしようもない分、ハゲやデブのように悪あがきをする必要がありません。チビに努力家が多いのは、ハンディキャップを隠したりごまかしたりする余計なパワーを使わなくていいから、というのも大きく関係しているでしょう。

しかし、コンプレックスが強く負けん気が強いというのは、すべてがプラスに働くとは限りません。若い人にありがちなのが「ナルシスト」。若い頃は誰しもモテたいと思うもの。「モテる要素は外見」と思ってしまうのは若ければしかたのないことですが、チビ

の場合は、特にマイナスからスタートな上、カバーできるのは服装、髪型しかありません。そうなると、どうしても傍から見たら単なる「ナルシスト」にしか見えませんし、悪いことにチビであるがゆえの努力なのに、「チビのくせにナルシスト」と、普通のナルシストよりさらにマイナスポイントを稼ぐ羽目に陥ってしまいます。

そんなちょっと難しい面もある「チビ」のほめ方を考えてみましょう。単純に努力しているところをほめるという手もありますが、その人のことをあまり知らない時は、「あれ？ こんなに背、低かったっけ？」です。

これは「チビ」と言っているのではありません。「あれ？ 〜だったっけ？」というフレーズには、「気にしなければ全然そうは見えない」というニュアンスが含まれています。女の子の場合は小さいからこそ「かわいい」がベターですが、さらに持ち上げるなら「小っちゃいね！ アイドルみたい！」

負けず嫌いで気が強い

 背の高い異性がタイプ

 チビであることを忘れてか、ナルシストが多い

 TSUTAYAの高いところ用の台を使うくらいなら、あきらめる

見た目でわかる！ チビの生態

がよいでしょう。「顔が、じゃないよ！」はわざわざ言わなくて OK です。

とにかく身長以外は小さく見られたくないので（もちろんなかには体も小さければ器も小さいチビもいますが）、特に女性に対しては大きく出てしまいがち。それにイラッとくる人もいるでしょうが、それはコンプレックスからくるものなので、多少は目をつぶってあげたいところ。その分、頼ると引き受けてもらいやすく、ごちそうしてくれる率も普通の人より割と高めです。男性は自分より背の高い女性を恋愛対象からはずしてしまいがちですが、チビは逆に背の高い女性を好む人が多い傾向にあります。

31

mission 1-4

正しいチビのほめ方

顔が小さくて
羨ましい！

ポイント | ONE POINT ADVICE

気持ちの中から「チビだから」という感情は排除してください。小顔は純粋に羨ましいと思えるはずなので、自然のまま伝えればOK。

同ロジックのほめ言葉

「○×と並ぶと顔が大きく
見えるからヤダよ〜」
など

だいたいの場合、小さい人をほめる時には「かわいい」と言ってしまいがちですが、いい歳をした男性の場合は、そうはいきません。

ならば、一般的に小さいほうがイイとされているパーツを挙げてほめましょう。もちろん、女性と男性で違いはあります。女性の場合は「お尻」や「手」。男性の場合は「大きい」＝「男らしい」と考える人が多いので、女性とは逆に「身長の割には大きい」パーツ、「手」や「肩幅」などがいいでしょう。

WARNING! 1 距離を詰めすぎない

気持ち的なものではなく、間合いです。あなたが思っている以上に、見下ろされるのは相手が誰であれ、とても圧迫感がありストレスが溜まるもの。普段より気持ち距離を取って話すと、かなり圧迫感は減ります。

WARNING! 2 お笑い芸人と一緒にしない

テレビでは背が低いことを笑いに変えている芸人さんもたくさんいますが、チビをいじられておいしいと思う人はほとんどいません。もし、いじられるのがOKな人がいても、それは気にしていないわけでもなければ、あなたのいじり方がうまいのでもありません。その人の懐が深いのです。

WARNING! 3 突っ込みすぎは地雷に気をつけて

身長の話になると、ついつい「親とか兄弟はどうなの？」と聞いてしまいがち。しかし、「……あぁ、父さんは物心ついた時にはもういなかったから……覚えてないや」と返されて変な空気にならないよう、突っ込むのは本人だけにしておきましょう。

 あるいは、こんなアプローチ

見た目以外で、チビのプラスの要素を探すと思い浮かぶのは「運動神経がよさそう」というイメージ。学生時代を思い出せば具体的な人物像が浮かぶはず。

もし「そんなことないよ」と否定されたら「でも、スポーツが似合いそうだよね」とフォローすればOK。スポーツが似合う＝爽やかと勝手に変換されるので、ほめ言葉として響くでしょう。

etc... その他、おぼえておきたいフレーズ集

デカすぎより、全然いい！

hydeもキムタクも実は小さいらしいよ

持って帰りたい！

mission 1-5

人見知り

////////////////// の正しいほめ方 //////////////////

人見知りを知る

「無愛想」「不機嫌」「存在感がない」など、打ち解けて理解してもらうまではかなりマイナスに見られがちな人見知りたち。仲よくなってしまえばおもしろい人もたくさんいるのですが、初対面の時は会話がまったく続かず、気まずい空気が流れる空間はなかなかの地獄です。彼らもわざとそんな空気を作っているのではなく、ただコミュニケーションを取るのが極端に下手なだけ。悪気はなく、むしろ申し訳ないとすら思っています。でも、自分ではどうしようもない……。

だったら、あなたがなんとかするしかありません。とはいえ、その場しのぎの質問攻めは逆効果です。

例えば「どこに住んでいるんですか？」や「休みの日は何をしているんですか？」といった質問は、よく話す人が相手ならもってこいのですが、人見知りにこれをぶつけたところで、単発の答えしか返ってきません。「○○に住んでいます」「へ〜。どんなと

ころですか？」「△△な感じです」「……なるほど。どれくらい住んでいるんですか？」「□年です」―と、お互いが疲れる流れになってしまいます。ですから、人見知り相手には質問ではなく、「質問させる」ことを心がけて話しましょう。例えば「住んでいる場所」の話題なら、「最近、引っ越しを考えてるんですけど、どこかいい場所ないですかねぇ〜」と言えば、（そもそも今住んでるところを知らねぇよ）となるので、さすがの人見知りも「今、どこに住んでいるんですか？」と聞かざるをえなくなります。ここで「××に住んでるんですけど、最悪なんですよね。だから早く引っ越したいんですよ」と返せば（何が最悪なのか言えよ！）となるので、「何が最悪なんですか？」と会話が自然に転がっていきます。

人見知りが自分から話せないのは、ほぼ緊張によるものです。それを取り払ってあげるためにも、最初の話題は共通点が多い、日常生活系で軽めのも

見た目でわかる！ 人見知りの生態

 人見知り同士だと「人見知り」が相殺される

 「あの時、あぁ返せばよかった…」と後悔の繰り返し

初対面の人と会う時は、前日から直前までシミュレーション

初対面で顔をあまり見られないので、顔を覚えられない

のがいいでしょう。コミュニケーション下手な彼らは、ほめられた後のリアクションも、どうしていいかわかりません。ですから、ほめる時も「なんでそうなるの？」と聞かずにはいられないフレーズを選びましょう。

服 屋で試着ができない、美容院が苦手、敬語がなかなか取れないなど、生態を細かく挙げたらきりがない彼らの大きな特徴は「極度の気にしい」である、ということ。自分の発言や行動によって、どう見られるのかを気にしすぎてしまうのです。ですから、上下関係や他人のマナー、デリカシーにもわりと厳しめ。仲よくなったら怒られることも多いかもしれません。

mission 1-5

正しい人見知りのほめ方

人見知りの人って、優しい人が多いよね！

ポイント | ONE POINT ADVICE

人見知りなので、思ってるような反応が返ってこない場合も多々あるので、リアクションはそんなに期待せずに言いましょう。

同ロジックのほめ言葉

「人見知りの人って仲よくなった時のギャップがいいよね」
など

前述したように、ほめ言葉にも「なんで？」と聞かせるようなひっかかりを作ることが大切。ストレートなほめ言葉では、リアクションを困らせてしまうだけです。

「なんで？」と聞かれた時は、「人見知り」＝「気にしい」＝「気をつかえる」＝「人に優しい」と、順序立てて説明してあげましょう。「なるほど」となるか「わかりにくいわ！」となるかは相手次第ですが、なんらかの反応は取らせやすいはずです。

WARNING! 1 人見知りの情報は正確に！

人見知りは、ほんの小さな波風でも立てることを嫌がります。名前を間違えられてもスルーしてしまうくらいです。間違ったまま接してしまわないように、人見知りの情報はしっかりとおぼえてください。もし他の人がやってしまった場合は、人見知りに代わって、あなたが訂正してあげるといいでしょう。

WARNING! 2 最初の一言には気をつかってあげる

初対面の時などは放っておいたら、いつまでもまったく話さない人見知り。話しかけたら、びっくりと緊張で最初の一言は声がカッスカスだったり、全然答えになっていない返事が返ってくることも珍しくありません。まず一声目は「うん」「はい」など短い返事ができるものにして、喉と心の準備をさせてあげましょう。

WARNING! 3 気のつかいすぎは迷惑行為に

集団で盛り上がっている時も、1人ぽつんと輪に入れずにいるのが人見知りです。そんな姿を見たらつい仲間に入れてあげたくなりますが、入ったところでどう振る舞っていいのかわからない彼らにとって、この気づかいはかえって余計なお世話になってしまうこともあります。

 あるいは、こんなアプローチ

コミュニケーション下手とあって、お世辞や社交辞令がまったく言えない彼ら（本当はタイミングや使い方がわからないだけなんですが……）。これは、裏を返せば本音しか言えないタイプ、とも言えます。これをそのまま伝えるだけでも、かなりのほめ言葉です。もしウソやお世辞を言ってきても、顔を見ればすぐにわかってしまう彼らですから、この時は見逃してあげてもいいですが、「ウソが下手だね〜」とツッこむことをオススメします。

 その他、おぼえておきたいフレーズ集

人見知りの人って実はおもしろい人が多いんだよね

すごくクールに見える

仲よくなってからのギャップに萌えそう

mission 1-6

元ヤン

の正しいほめ方

元ヤンを知る

元ヤンと言っても、その頃の面影がまったくない人と、丸出しの2種類が存在します。前者はすっかり更正して過去の悪行三昧は聞けば教えてくれるものの、自分からは決して言わず、語ってくれても自慢しないどころか、むしろ恥ずかしげ。それでもオーラや男気は健在で、後輩から頼られる存在である人が多いものです。

一方、後者は自分から率先してヤンキーだったことを明かすのだけれど、よくよく聞くとほとんどが「俺」ではなく「俺ら」の話で、自分ではなく先輩やツレの話だったりします。元ヤンの「元」が年齢的な問題で「元」となっているだけで、頭の中も外見も当時と同じような人たち、とも言えます。

前者は当時と比べたそのギャップから、ほめるポイントがたくさんあると思うのですが、問題は後者です。身近にいなければあえて近づく必要はありませんが、職場などで常に接する機会があるのなら、面倒な相手になる前に

ほめ言葉を使って扱いやすくしておきましょう。基本的に単純な人が多いので、武勇伝や地元の先輩自慢に「すごいっすね！ かっくいいっすね！」と言っておけば喜ぶのですが、これだとあなたが周囲によく思われませんし、調子に乗らせてますます面倒になるだけです。ならば、ほめながらも自慢を減らす方法を考えてみましょう。

例えば過去の武勇伝を自慢されたら、「すごいですね！ でも恐いですね〜。○○（職場で一番人気のある女子あるいは男子）が聞いたらどん引きするでしょうね！」と返してください。この時に出す名前は上司でもかまいません。とにかく、社内で少し影響力のある人の名前を出しましょう。仲間がいれば「あ、それは確かにそうですね」と同調してもらいましょう。自慢は「尊敬されたい」「注目されたい」からするものであって、嫌われる自慢をわざわざする人はいないものです。過去のワル自慢をすればするほど、その人

見た目でわかる！ 元ヤンの生態

- ディズニー好き（なぜかスティッチ）
- おばあちゃんっ子率がとても高い
- パジャマで外出できる範囲が一般人の約2倍
- 初対面でもすぐに仲よくなれる

の耳に入る率は上がります。

「関係ねぇよ」と強がっていても、徐々に減ってくれば効いている証拠だと言えるでしょう。

見た目は当時の面影を消せても、センスまではなかなか変えられません。特にプライベートになれば、それは顕著に出てしまいます。元ヤン疑惑がある人には、好きな色や音楽をリサーチし、車のフロントにスティッチがいたら、8割方そうだと思ってよいでしょう。さらに「おばあちゃんっ子」の裏取りができれば確定です。恋人選びに「元ヤン」だけは勘弁と思っている人は、関係が深まる前に生態から探っておきましょう。

mission 1-6
正しい元ヤンのほめ方

当時、知り合いじゃなくてよかった〜

ポイント | ONE POINT ADVICE

地元や学生時代に一番会いたくなかったヤンキーを思い出して、言葉に実感を持たせましょう。心からふるえ上がっている感が出せれば good！

同ロジックのほめ言葉

「同じ地元じゃなくてよかった〜」
「昔の◯◯さんだったら、僕たぶん目を見て話せないと思いますよ」

元ヤンの口癖に多いのが「今は丸くなったけど、昔の俺だったらブチ切れてるよ?」です。今の自分とは仲よくしてほしい、でも、昔の自分にはビビってほしいという我がままな欲求です。普通は昔のことより今の自分をほめられたいものですが、彼らは逆なのです。大人になった今の感覚で話を聞いてしまうと「バカじゃないの?」と思わざるをえないので、必ずあなたも一緒に当時にタイムスリップしてあげてください。

WARNING! 1 距離はきっちりと置きましょう

その人は大丈夫でも、いまだに付き合いのある仲間の中には、どんな現役クズがいるかわかりません。過去の自慢話の中にプライベートで付き合っても大丈夫かどうかのヒントはけっこう転がっています。仲よくなる前に、いまだにそういった人たちと付き合いがあるかどうかのチェックは怠らないようにしましょう。

WARNING! 2 ワル自慢は便乗せずに黙って聞きましょう

ヤンキー歴のないあなたでも、地元のヤンキーたちの極悪列伝はいくつか知っているでしょう。それでも、ワル自慢や先輩自慢に便乗するのは避けたいもの。元ヤンは「俺の地元最強」意識がとても強いからです。あなたに悪気がなくても、「あ? それ対抗してんの?」となりかねません。

WARNING! 3 気弱な部分は絶対に見せない

ヤンキーの関係性はピラミッドになっています。中途半端な元ヤンになると、いじめ体質がいまだに抜けなかったりするので、完全に下に見られるといいように使われてしまったり、いじりの対象になってしまいます。大人のあなたにこういうのも失礼ですが、「イエス」と「ノー」をはっきり言えるようにしましょう。

 あるいは、こんなアプローチ

地元愛が非常に強い元ヤンたち。彼らにとって、地元の自慢と自分の自慢はイコールなのです。結果、地元の話を聞かされることも多いはず。実はその時こそが、ほめのチャンス。「うわ〜。めっちゃ楽しそうな地元ですね。羨ましいなぁ」とベタぼめしてあげましょう。

ワル自慢をストップさせたい時にも「地元」の話題は使えます。同じ自慢をされるなら何の役にも立たないワル自慢より、まだ地元自慢のほうがはるかにマシでしょう。

etc... その他、おぼえておきたいフレーズ集

仲間思いの人が多いですよね

ヤンキーの人って、根は純粋だったりするんですよね

人って、こんなに変われるもんなんですね!

MISSION 1-7

ダサい人
の正しいほめ方

ダサい人を知る

「ダサい」と聞いてイメージするのは服装だったり、立ち居振る舞いだったり、人によって違うと思いますが、ここで言う「ダサい」は見た目のことです。そもそもが男性よりも美意識の高い女性には、似合っている似合ってないは往々にしてあるものの、「えっ！ マジで!?」となるほどの人はなかなかいません。では、男性にはなぜダサい人がいるのでしょうか。

その原因は、それこそ買い方（店に入って2分で決める、試着しない、トータルを考えず単品でしか見ない、1人で行くから客観的な意見が聞けない）や、着こなし（ベルトの位置が高い、シャツをパンツにイン、ごちゃごちゃしている、柄に柄を合わせる）など挙げればきりがありません。

とはいえ、どんな服装でも他人に迷惑をかけるわけではないので、本人がよいと思っているならよしとしておいてあげましょう。問題はそれが、その他のセンスにもかなり影響していること

とです。仕事で言えば企画書のデザイン、食事に行くならお店のチョイス、買い出しを頼んだ時のお菓子とジュースのセンス etc.……。服装のみがダサいなんてことはまずありません。センスに関しては一事が万事。なんとか改善してもらわないといけません。ベースは「ほめて伸ばす」です。

まず彼らに仕込むべきは正解例でしょう。この正解例は「これがいい」だけではダメ。なぜよいのか、その理由をちゃんと説明してあげることが大切です。そうすれば次回からは指針ができるので、そんなに大ハズすることはないでしょう。ここが、ほめるタイミングです。傍から見れば、あなたの言った通りのものを買ってきただけではありますが、ここでほめることによって、人のアドバイスに従うことで喜ばれる「気持ちよさ」を知ってもらうのです。ですから、あなたが言ったまんまの結果でも「お～！ これこれ!! やったらできんじゃん！」とほめま

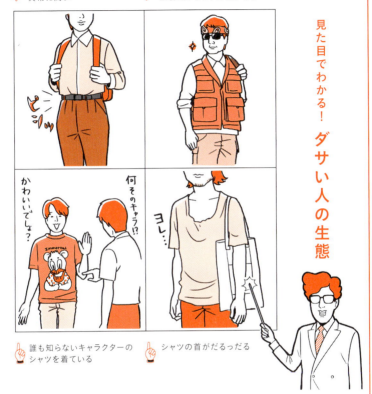

見た目でわかる！ ダサい人の生態

 ベルトを締める位置が異常に高い

「釣り用？」と疑うくらい、上着のポケットの数が多い

誰も知らないキャラクターのシャツを着ている

シャツの首がだるっだる

しょう。相手からしたら「え？ 言われた通りにやっただけだけど……」なんですが、「いやいや、言ってもできない人ばっかりだよ」と締めれば、次もがんばろうと思わせられるはずです。

ダサい人は服装に無頓着と思いがちですが、実際は逆だったりします。興味がない人は冒険をしないので、シンプルな服装を選びます。結果、オシャレではなくてもダサくはなりません。ダサい人ほどこだわりを持っていたりするので、持ち物が高級ブランド品だったりすることも少なくありません。実はナルシストも多いのが特徴です。彼らはただ単に、トータルバランスが驚異的に悪いだけなんです。

mission 1-7

正しいダサい人のほめ方

原石だよね

ポイント | ONE POINT ADVICE

後ろに「もったいないなぁ。だからもっとよくすればいいのに」をつけるイメージで言うといいでしょう。いっそ言ってしまってもかまいません。

同ロジックのほめ言葉

「伸びしろ、めっちゃあると思うよ!」
「服とかファッションで化ける
タイプっぽい」

「知る」でも述べたように、彼らをほめる時は「伸ばす」を意識しましょう。そして、ダサいことをちゃんとわからせてあげるのも大事です。「ダサいよ！」は、けっこう深めの傷を負わせてしまいます。ですから、「磨けば光るいい素材、でも今は全然ダメ」の意味を込めて「原石」という言葉を使うといいでしょう。自然と努力をうながせるでしょう。

WARNING! 1　おまかせ、なんでもいいは NG

よく、「なんでもいい、まかせる」とか言っていたくせに、出来上がりを見て怒る人がいますが、ダサい人にそんな頼み方をするほうが完全に悪いと心得ましょう。あなたに不信感を抱くだけでなく、プレッシャーまで与えてしまうので何の得もありません。「おまかせ」は成長度を計るテストの時だけ使いましょう。

WARNING! 2　ピンポイントのアイテムを否定しない

これは地雷の可能性があるからです。服装がダサいからといって、何も考えずに「なんだよその時計。どこのだよ！」なんて言ってしまうと「これは亡くなった父の形見です」なんて返ってきた日には、押し黙るしかありません。「ダサい」という言葉は、トータルバランスだけを指して使いましょう。

WARNING! 3　愛情はたっぷり目で

表面上はほめているように聞こえても、真意はそうでないのですから、カモフラージュを強くするためにも愛情大盛りめで伝えましょう。これに失敗すると、周囲から「っていうか、そういうアイツは何様なんだよ。アイツの性格のほうがダサくね？」などと裏で思われかねません。

---

one more あるいは、こんなアプローチ

「いいね」など曖昧な表現で伝わらない場合は、芸能人の名前を使って具体的にほめてみましょう。例えば1つひとつのアイテムはそこまで悪くない場合、中の1つを拾って「これなんてキムタクっぽいじゃん。だったらキムタクっぽいので全部統一してみれば？」など。具体的な人気タレントと並べて挙げることでグッとテンションも上がり、方向性もディレクションできます。各アイテムがどうしようもなければ、体型、顔立ちを有名人に例えるとよいでしょう。

etc... その他、おぼえておきたいフレーズ集

こんな惜しい人、初めて！
もったいないよ

いい雰囲気は
持ってるのにな〜

服装変えたら
絶対モテるよ

MISSI

完全にウザい人
のほめ方

ON 2

超体育会系、忙しぶる人、不幸自慢 etc.……話した瞬間に「うっ！」と絶句してしまう人々は、積極的にほめフレーズを欲しがっています。ほめざるをえませんね……。

MISSION 2-1

超体育会系

の正しいほめ方

超体育会系を知る

今や「ウザい人」の代名詞の1つ、体育会系。「上下関係にうるさい」「暑苦しい」「笑いのセンスが著しく低い」「何かと過去の自慢」などが特徴です。

「うわっ、こいつ、めんどくさっ」とあなたが感じる人は、だいたい目上の人だと思います。しかし、これが逆に後輩になると、とたんに「しっかりしている」「明るい」「やる気がある」というプラスイメージになります。「実力主義」かと思いきや、実は監督や先輩に気に入られないとやっていけないのが体育会系の世界。そこで生き抜いてきた人たちには、それ相応のノウハウが身についています。ですから、体育会系ではないあなたが、そういった上司や先輩たちとうまく付き合うには、まず体育会系の後輩を観察することからはじめるべきなのです。

「反面教師にする人」「学べる人」がこれほどわかりやすく出る人たちもなかなかいません。

「好かれる体育会系」

- ・上下関係がしっかりしている
- ・協調性、協力性がある
- ・自分の役割を理解している
- ・精神力が強い（怒られ耐性がついている）
- ・行動力がある
- ・健康的
- ・社交性がある　　　　etc.

「嫌われる体育会系」

- ・学生のノリを引きずっている
- ・個人プレーを認めない
- ・上に媚を売り、下に高圧的
- ・何かと精神論を持ち込む
- ・自分ができることは他人もできると思っている
- ・上からの受け売りが多い
- ・プライベートと仕事を混同させる　　　　etc.

見た目でわかる！ **超体育会系の生態**

 風邪は気合いで治ると信じ込んでいる

 服装、気持ちの季節感が夏と冬しかない

後ろ姿がだいたい同じ

頼られることにめっぽう弱い

社会人になっても体育会系の雰囲気が抜けきらないのは、ラグビーや柔道など肉弾系スポーツの人たちです。

上半身がしっかりしていて、スポーツ刈りで日焼け体質と、だいたい見た目で判別できます。ポロシャツの襟が立っていたら、もうゴリゴリです。

彼らは集団行動が好きで声も体も大きいため、他人からは遭遇するだけで迷惑な存在かもしれません。しかし、接してみると明るくて素直な好青年も多く、うるさくてガサツで内輪笑いが多い点を除けば楽しい人たちです。

mission 2-1
正しい超体育会系のほめ方

意外と繊細ですよね

ポイント | ONE POINT ADVICE |

「誰も言いませんが、僕（私）はわかってますよ」的な、包み込むような優しい目で。照れ屋も多いので否定されるかもしれませんが、大丈夫です。

同ロジックのほめ言葉

「よく見ると意外と目が優しい」
「意外にロマンチスト」
など

体育会系なので、「男らしい」「頼りがいがありそう」など、外見からイメージするほめ言葉でも十分嬉しいのには違いないのですが、聞き慣れている感は否めないので、インパクトは少ないでしょう。だとしたら、攻めるべきはギャップです。どんないかつい人でも、1つは繊細な部分を持ち合わせているでしょうから、まずハズすことはありません。わかりやすいほめポイントがある人たちほど、「意外に」という部分をほめると効果的です。

WARNING! 1 個人競技の体育会系には要注意！

個人能力を重視する体育会系（特に実績を持つ人）には、くせ者が多いので要注意です。実力主義者を下手にほめると「何、媚売ってんの？」と逆効果になってしまいます。こういう人たちは、自分より下だと思えば先輩だろうが年上だろうが容赦なく見下してくるので、ただひたすら舐められないようにしましょう。

WARNING! 2 言い訳には人一倍厳しい

結果がすべてとは言わないまでも、勝敗がきっちり出る世界で生きてきた人たちにとって、「言い訳」「責任転嫁」はもっとも許されないことの1つ。言い訳、責任転嫁は自分では言わず、あとで他の人に「実はあれって○○だったんですよ。あいつ言いませんでしたけど……」と言ってもらいましょう。

WARNING! 3 知ったかぶらない

その人がやっていたスポーツの知識を事前に入れておくのもいいですが、「あの選手、ど下手ですよね！」「あそこであのプレイはありえない！」など、プロの選手に批判的な意見はしてはいけません。見るとやるとでは大違いというのもありますが、何より相手は、言わばそのスポーツの負け組の人たちなのですから。

 あるいは、こんなアプローチ

体育会系の人たちは何かの罰ゲームで体育会系になったわけではありません。自ら進んだ道なのです。だから、そこを「体育会系って憧れます！」と真正面からほめてみてください。

自分のやってきたことを肯定されてイヤな気になる人はいません。「どこが？」と聞かれたら、「好かれる体育会系」に書いてあるようなイメージを言えば、きっと気持ちよくなってくれるはずです。

etc... その他、おぼえておきたい **フレーズ集**

いつ見ても爽やかさがあるよね

女の子にはすっごい優しそう

後輩からすっごい慕われてそうだよね

MISSION 2-2

健康オタク

////////////// の正しいほめ方 //////////////

健康オタクを知る

日本はいつでも健康ブーム中です。書店にはコーナーがどかんと設置され、ダイエット法をはじめとする健康本の帯には「100万部突破！」「テレビで紹介されて話題沸騰！」などの宣伝コピーが並びます。日本人総健康オタクといっても過言ではないほどです。

何をするにも体が資本なので、健康に気をつかうことはとても大切ですが、いきすぎるのも、ちょっと困りもの。彼らは自分の健康だけでは飽き足らず、他人の健康まで気になる性分だからです。一緒にご飯を食べるのも選択肢がかなり狭まってしまう上、何も気にせずがっつり食べてる自分が、なんだかバカみたいに思えてしまいます。

健康に関してなんらかの免許を持っていれば、多少めんどくさくても、ちゃんと聞いておくべきですが、彼らの知識のほとんどは本や雑誌、テレビなどの受け売りです。「納豆！ 納豆‼ 納豆食べなよ！」と勧めてきたかと思えば、

次の日には「豆腐！ 豆腐‼ 豆腐食べないと！」と、結果が出るまで待てないその移り身の早さには、舌を巻いてしまいます。しかも、彼らのほとんどがかけもち健康法なので、「実際に一番効果があるのはどれなのか」があまりよくわからないのが残念なところです。では、そんな彼らをどうやってほめればいいのかを考えてみましょう。

当然のことながら、第一に挙げられるのは、その健康でしょう。長続きしないとはいえ、日々さまざまな健康法を実践しているだけあって、その健康っぷりはビンビン伝わってきます。ただ、あなたは医者でも専門家でもないので体内のことはわかりませんし、「健康」という言葉が少し曖昧です。だとしたら、健康法の影響が表れているところを具体的にほめるとよいでしょう。「髪がすっごい、ツヤツヤでキレイ！」「肌に張りがあって若い！」「スタイルがいい！」などが、わかりやすいところです。これに「羨ましい」

見た目でわかる！ 健康オタクの生態

 効果のあるなしの判断は3日！

 常時2～3の健康法をかけもちしている

 健康本のチョイスは内容よりも、売れ行き

常に前向き（ポジティブ）で明るい

「憧れる」などをつけてあげると、なおいいでしょう。

当 初の目的は誰もが当然「健康になりたい」だったのが、やがて知識や情報収集がメインになり、オタク化してしまったのが、彼らです。健康には完成形がないので、一度ハマったらゴールのないマラソンに出てしまったようなもの。実践するにも健康食材や料理は普通より割高でお金もかかりますし、次から次へと新手が登場します。それらをほぼ網羅するのですから、かかるお金も決して安いものではありません。何年も健康マニアを続けられる彼らには、実はお金持ちが多いというのも知られざる特徴です。

MISSION 2-2

正しい健康オタクのほめ方

話を聞いているだけで健康になりそう！

ポイント | ONE POINT ADVICE

いろんな健康情報を聞いたあとに、満足感たっぷりに伝えましょう。この前後に「忘れないようにメモしとこ〜！」と、手帳か携帯にメモると good！

同ロジックのほめ言葉

「〇〇の健康法って
（情報がしっかりしてるから）
説得力があるんだよね！」

健康オタクにとって、健康をほめられるよりも嬉しいのが「知識」をほめられること。生態で触れたように、彼らの目的はオタクになった時点で「知識」にすり替わっています。それをほめるのにベストなのがこの言葉。「知識だけで健康になったと感じさせちゃう私（俺）って！」とゾクゾク感が止まらないはずです。健康好きをほめるのは「健康」、健康オタクをほめるのは「知識」と、分けてほめパターンを用意しておきましょう。

WARNING! 1 　健康オタクを装う悪徳商法

健康法にまったく興味がない中年はほとんどいないでしょう。健康維持は永遠のテーマです。しかし、健康志向を狙ったマルチ商法も数多くあるので要注意です。お金でなんでもできる世の中ですから、「雑誌やテレビに紹介されている」「有名人も使っている」などは、まったく信用材料になりません。

WARNING! 2 　ダイエットはほめすぎてはいけない

健康オタクとほぼ同種に、ダイエットオタクがいます。ダイエットの成功は、体が目に見えて細くなっていくので、ほめるのも簡単です。けれども、ほめすぎは絶対NG。ほめられた喜びで、やりすぎダイエットになる恐れもありますし、ほめられた安心感でリバウンドする可能性もあります。

WARNING! 3 　いきなりきっかけを聞くのはNG

オタクと言われるほど健康にのめり込むには、それ相応のきっかけがありそうなもの。しかし、だいたいの場合は「病気」です。それも、けっこうハードめの「病気」です。今はすっかり健康を取り戻して明るく話してくれる人もいるでしょうが、避けたい選択肢だと言えます。

あるいは、こんなアプローチ

　健康法の効果が目に見えて実感できるのは、髪や肌以外にも性格の明るさ、元気さがあります。健康はポジティブな要素なので、性格も自然と前向きになるもの。明るい、元気と言われてイヤな気がする人はいないでしょうし、それが愛してやまない「健康」のおかげであるなら嬉しさは格別です。
　頭の回転の速さや記憶力と合わせ、健康法と結びつけやすいほめポイントだと言えるでしょう。

etc... その他、おぼえておきたいフレーズ集

私の健康は□△さんあってこそだよ

本を読むよりわかりやすい！

いつかまとめて本出してほしいな〜

mission 2-3

忙しぶる人

の正しいほめ方

忙しぶる人を知る

あなたの周りにも1人はいるはず、「最近、1時間くらいしか寝れてねーし」「忙しすぎて自分の時間がまったくねーし」「今年、ベッドで寝た記憶がねーし」と、毎日ぼやいている人たち。そのため、顔はドドメ色に変色し、視点は定まらず手足はふるえ、ろれつが回らず、時おり意味不明な奇声をあげる……なんてことはまったくなく、むしろ見た感じ健康そのもの。しかし、決して彼らが、普通の人間とは体の作りが違うX‐MEN的な人たちなのかといえばそうでもない。となれば考えられるのは1つ。

「言うほど忙しくない」のです。忙しさの内訳をよくよく聞くと、それも予定に入れるかね!? という件だらけだったり、すこぶる要領の悪さが浮き彫りになったり……。

じゃあ、なぜそんなに忙しぶるのかと言えば、単純にそれをかっこいいと思っているからでしょう。あくせく仕事をがんばっている人は確かにかっこ

よく見えます。つまり「忙しい」には「かっこいい」の意味も含まれているのです。だからといって、「かっこいい! すごい!!」とほめてしまうと、1日1回だった忙しい自慢が1時間に1回になる危険もあるので、ここは減らせるようなほめ方を考えるのが得策です。彼らは「かっこいい」「できる」感を出せればいいのですから、「忙しい」「寝てない」とは真逆のところをほめてあげればいいのです。

例えば「それでも、こういう話をしてる時間をつくれるってすごいですよね」といったほめ方で、「時間をつくれる人こそかっこいい」というイメージを植えつけていくとよいでしょう。

かっこいいアピールをする人は「自分の中でかっこいい」より「人から見てかっこいい」が大切なので、わりと人の言葉に影響を受けやすいものです。さらに追い打ちで「今はそういう時代」とダメ押しすれば、「時間がない」「寝てない」自慢は減るでしょう。

見た目でわかる！忙しぶる人の生態

- 自称「全然、寝ていない」
- 忙しくない人より雑談が多い
- 実際、何で忙しいのか誰も知らない
- 気づかれ待ちの独り言が多い

忙しぶる人たちが自慢するのは、忙しさだけではありません。「かっこいい」イメージ（あくまで本人がそう思っている）であれば、それがたとえ「おしっこめっちゃ我慢してる」でも自慢してくることでしょう。基本的にはナルシストだと大雑把に考えて問題ありません。目上の人で単純にヨイショしたい場合は「あ、これ自慢だな」と感じたら「すげーっすね！」「そういうの憧れるっすわー」「俺にはムリっす！」でOK。逆に同じくらいの立場で、なんとかしたいなら「じゃあ、飲み会とか誘わないほうがいいね。周りにも言っておいてあげるね」と言えば、ぴたりと止むでしょう。

mission 2-3
正しい忙しぶる人のほめ方

いったい、いつ寝てるん（休んでるん）ですか？

ポイント | ONE POINT ADVICE

言うタイミングは「あぁ眠い……」や「あぁ腰痛ぇ〜」などの独り言が出たときがベスト。驚き6と心配4くらいの割合がほどよいでしょう。

同ロジックのほめ言葉

「プライベートってほとんどないんじゃないですか？」
など

「忙しい」「寝てない」自慢の人たちは、なぜ私たちをイラッとさせるのでしょうか。理由は大きく2つ、「どうでもいい」ことと、「聞いてもいないのに言ってくる」ことです。であれば、言われる前に聞くことでイラッ感を抑え、相手に心づかいができる人の印象を与えることができる、ほめ言葉がベストでしょう。他の人にしてみれば、たいしたことのない言葉でも、「忙しい」「寝てない」自慢の人にはグッと刺さるに違いありません。

WARNING! 1　的確なことを言わない

「忙しくて帰ってない！」と言っていても、彼らは別に帰りたいわけではありません。ただスゴいだろ？　と思わせたいだけです。「あぁ眠い！」も同じで、「じゃあ少し寝れば？」ではダメなんです。彼らが求めているのはそういう的確なことではないのです。

WARNING! 2　共感や同情はしない

彼らが伝えたいのは、つらさではありません。あくまで自分の突出した体力とバイタリティなので、同情や共感は逆効果です。「僕も昨日1時間しか寝てないんですよ」なんてさらに上を行こうものなら「何？　それは、俺のほうが大変って言いたいの？　ねぇ？」となること必至です。

WARNING! 3　リアクションするのは適度に

ほめると調子に乗って何度も欲しがるため、余計に面倒なことになります。しかし、完全にスルーしてしまうのも、新たな面倒が発生します。かまってくれない上に睡眠不足のイライラがプラスされて、お説教がはじまる危険があります。リアクションのバリエーションは気にせず、一言だけでも返してあげましょう。

one more　あるいは、こんなアプローチ

彼らにとって「寝てない」は、あくまで自分を「かっこいい」「スゴい」と思わせるためのツールです。リアクションに疲れた時は、さっと他のほめられる部分を衝いて話題を変えてしまいましょう。ほめるところは、腕時計、スーツ、ネクタイ、靴にバッグなど、なんでも構いません。相手にこだわりがなかったとしても、「でも、それスゴい、いいですよ」と押し込めばOK。もちろん、自慢がはじまる前に、言いたいことが終わったらサッと席を立ってしまいましょう。

etc...　その他、おぼえておきたいフレーズ集

体力で言ったら20代くらいじゃないですか？

休んでほしいですけど、○○さんに今抜けられたら相当キツいですよ〜

我が社のナポレオンじゃないですか

MISSION 2-4

不幸自慢

の正しいほめ方

不幸自慢を知る

面倒くさいランキングの常連「不幸自慢」。とはいえ、不幸な話を一括りに「悲劇のヒロインのつもりかよ」「うぜー！」と決めつけで嫌う人も、実は器の小さい人だと言えます。結局のところ、「他人の不幸は蜜の味」という言葉があるように、誰しも他人の不幸を心のどこかで楽しんでいるのは否めません。テレビ番組で「波瀾万丈モノ」や「貧乏大家族モノ」が安定した人気を保っているのも、その心理からでしょう。そう考えると、不幸自慢のエピソードはめんどくさいどころか率先して欲しがられるはず。にもかかわらず、なぜ嫌われるのでしょうか。

注目されたい感が出てるから？ 悲劇のヒロインと思われたいのが見え見えだから？ いくつか考えられることはありますが、一番の理由は「あるある」すぎるからではないでしょうか。当事者からしたらかなりの不幸かもしれないけれど、そこに目新しさや刺激がないから、「そんな人、他にもゴロ

ゴロいるよ」と思ってしまうシーンはけっこうあるようです。例えばそれが「幼少時代は虎に育てられた」というエピソードなら、周囲はむしろ聞きたくて仕方がないはずです。だとしたら、聞くほうは不幸自慢からオリジナリティを引き出す努力をするべきです。例えば不幸自慢がはじまったら、そこそこツッコんで話を掘り下げてみてください。概要はベタベタな不幸話でも、細かく聞けばオリジナリティのあるエピソードの1つや2つは出てくるものです。

不幸なことをグイグイ聞くのは気が引けますが、相手は不幸自慢をしたい人なので、問題ありません。貧乏な家庭だったら、「さすがにショックだった弁当のおかずランキング」まで聞いてしまいましょう。

相手は悲劇のヒロインになりたいのですから、同情を求めて話しはじめてくれるはずです。話しているうちに泣けるくらい貧乏か、笑えるくらい貧乏

見た目でわかる！ 不幸自慢の生態

 独り言のボリュームが大きい

 「どうしたの?」と言われたい表情とオーラが尋常じゃない

 何度も同じ話をしているため、内容はともかく、話の完成度は高い

基本は「いい人」

かを見極められたら、それぞれに合ったほめ言葉を言いましょう。泣けるなら「がんばったんだね、えらいね」を、おもしろかったなら「その話、もっとしたほうがいいよ！申し訳ないけど、絶対ウケる!!」が基本です。

不幸というネガティブな要素を自慢に使おうというのだから、基本的な性格はやや曲がっている人が多いという特徴があります。

その生活も地味で質素。暗い生活と性格がさらなる不幸を呼ぶ、負の連鎖になっていることに本人は気づいていないので、友達だと思うのであれば、生活の改善を勧めてあげるのがよいでしょう。

MISSION 2-4
正しい不幸自慢のほめ方

それ、
映画にできますよ！

ポイント | ONE POINT ADVICE

ひとしきり話を聞いてから、明るく大きめのリアクションで言いましょう。「そういう考え方もあるんだ」と印象づけられれば満点です。

同ロジックのほめ言葉

「1冊、本書けちゃうよ！」
「僕のオカンに聞かせたら絶対泣きますよ」

不幸な話をまともに聞いていると、どうしてもつられて自分も憂鬱な気分になってしまいます。雨の日だったら最悪です。しかし、不幸自慢の人の目的は、あなたを暗くするためではなく、ただ同情してほしい、聞いてほしいだけなのです。そのため、茶化さない限り、彼らは受け手の反応はあまり気にしていません。

「その不幸は多くの人に聞かせるべきものですね」という同情こそが、自然とほめ言葉になります。

WARNING! 1 あまり行動をともにしない

不幸な人と一緒にいると、自分まで不幸になってしまいます。ネガティブな人の場合は気持ちを強く持つなど対処法はありますが、不幸は運の要素が高すぎるため、少しでも気になるようであれば、その人のせいだと思ってしまう前に、あらかじめ距離を取ることをオススメします。

WARNING! 2 幸せな話題は NG

不幸自慢のスイッチが入る瞬間は非常にわかりやすくなっています。彼らは決まって、「はぁ…いいよね……」というセリフとともにONになります。幸せな話題がきっかけになることがほとんどなので、極力、不幸自慢の人の前ではラッキーハピハピエピソードはしないでおきましょう。

WARNING! 3 不幸自慢への愚痴は同類のはじまり

不幸自慢に対しての愚痴や陰口は、「はぁ、なんであんな人とオフィスが一緒なんだろう」という不幸自慢と同類の発想に行き着きがちです。誰かが愚痴を言ったとしても「まぁ、かわいそうなのは事実なんだし、聞いてあげるくらい、いいんじゃない?」と大きな心で構えましょう。

one more あるいは、こんなアプローチ

不幸をポジティブな考え方でほめる手もあれば、その逆もあります。不幸をさらに不幸で肉付けしていくのです。前にも聞いた不幸話がはじまったら、さらに最悪の展開を盛り込むのです。例えば、彼女に好きな相手ができて別れた話なら、「二股だったんですね……」など。そうすると「え? ウソでしょ? いや、それはさすがに……」となるので、「え? じゃあ、まだ全然いいじゃないですか」と、不幸の底下げで現状をマシに思わせるのです。

etc... その他、おぼえておきたいフレーズ集

それを耐えたって、すごい精神力ですね!

それ、曲にしたら『ロード』より売れますよ

そんな経験、不幸っていうより、もはや自慢になりますよ

MISSION 2-5

かまってちゃん

############### の正しいほめ方 ###############

かまってちゃんを知る

少し前まで、かまってちゃんと言えば、女の子のイメージが強かったのですが、ツイッターやブログ、フェイスブックの普及のおかげ（？）で、潜伏かまってちゃんが異常繁殖しています。

たった一言「今日はかなり凹んだ…」「あいつは絶対許さない！」など、「どうしたの？」と聞いてほしい感全開の意味深系。毎日のように食べたものを画像つきで報告するエセ美食家系、プロフィール写真が奇跡の一枚系、毎日のように更新していながら恋人がいることを一切出さない系、しんどい自慢系など、SNSはかまってちゃんだらけです。ツイッターやSNSは、かまってちゃんの資質チェックが手軽にできる便利ツールだとも言えます。事前にわかっていれば適度な距離を保つことができますから、危険回避においおいに役立ってくれることでしょう。

ネットは無視すればいいだけですが、これが実際、目の前だとなかなそう

もいきません。放っておくとかなり面倒くさいことに巻き込まれてしまいます。最たるものが恋愛の別れ際。事件、事故にまで発展しかねないので取り扱い要注意なこと山のごとしです。

かまってちゃんたちは、その名の通り、自分が常に注目されることを望んでいます。ほめるヒントは、ここにあります。常に注目するなんて物理的に不可能なのですから、注目されていると思わせられればいいのです。

例えば、かまってちゃんが注目してほしい気満々のブランド名ががっつり入ったTシャツを着てきたとします。これをあなたが「そのTシャツいいじゃん」とほめた場合、あなただけが注目したことにしかなりません。しかし、これを「そのTシャツのこと、さっき○○さんがいいねって言ってたよ」と言うと、あなた以外にも注目されていたことになります。

これを何回か続けていけば、彼らは「みんな、わざわざ言わないだけで自

見た目でわかる！かまってちゃんの生態

- 自称霊感が強い
- 何回か食事に誘われただけで、惚れられていると思う
- 自分では言わないが、「察して！」ビームがすごい
- たまにしか会わない人だと超かわいい

分に注目してくれているんだ」と思うようになります。結果、徐々にわかりやすい"かまってアピール"は減っていくでしょう。

かまってちゃんたちは、基本的に遠回しなアピールしかしません。つまり、かなりプライドが高い人たちなのです。ですから、接するなら下からがいいでしょう。基本的に、かまってちゃんは、「かまいたいちゃん」でもあるので、下から頼みごとをするとけっこう引き受けてくれるケースが多いはず。普段、扱いがめんどくさいなと思っていても、頼みごとをして帳尻を合わせれば、あなたの精神衛生上よいかもしれません。

mission 2-5
正しいかまってちゃんのほめ方

絶対、ほめられて伸びるタイプだよね！

ポイント | ONE POINT ADVICE |

言う時は、迷いがあってはいけません。確信を持った言い方が good！ 気持ちの中に少しだけ、親目線を入れるとよりいいでしょう。

同ロジックのほめ言葉

「自分で気づいてない才能がいっぱいあると思うよ！」
「やればできる人だよね」

か まってちゃんは、人より特に「ほめられたい」人。しかし、生態でも述べたようにプライドが高いため、自分から「ほめて！ほめて！」と直接言ってはきません。彼女（彼）たちは常にそんなジレンマを抱えているため、このほめ言葉はかなり刺さるはず。ただ、間違っても「ほめられて喜ぶタイプだよね！」と言ってはいけませんよ。

WARNING! 1 放置してはいけない

かまってちゃんのアプローチはすべて「こうすれば人は放っておけないだろう」というものなので、それを放っておく人はかまってちゃんにとって冷酷非情な人でなし、もはや敵です。となれば、裏で何を言われてるか、わかったものではありません。

WARNING! 2 惚れるべからず

かまってちゃんは1人の人にかまってもらえばいいのではなく、みんなにかまってほしい人たち。付き合ったら付き合ったで、これも大変。少しでもかまわなかったら、すぐにかまってくれる人と浮気をしてしまいます。恋愛対象から外しておいたほうが無難でしょう。

WARNING! 3 あなたもプチかまってちゃん？

確かにめんどくさいかまってちゃんたちですが、誰だってちやほやされたいもの。要はそれを出せるか出せないかの違いです。ツイッターに意味深なつぶやきをしたことがある人もいるはず。かまってちゃんにイラッとするのは、もしかしたら嫉妬なのかもしれませんよ。

one more あるいは、こんなアプローチ

もういっそのこと、本人に「あなたは、かまってちゃんだよ！」とはっきり言ってしまいましょう。本人に自覚がないようであれば、具体的にかまってちゃんなところを問答無用で挙げていきます。相手がしぶしぶでも納得したら「このままだと嫌われるよ」と忠告（「嫌われてるよ」だとショックが大きすぎます）。凹んだところで「友達だから言っておかないといけないと思って」とあなたのことを思っての言葉ですよ、というニュアンスを伝えるのです。

etc... その他、おぼえておきたいフレーズ集

○○ちゃんってなんか放っておけないんだよね

しばらく連絡がないと、すごく心配になる

みんなから愛されてるよね

MISSION 2-6

若手成金
の正しいほめ方

若手成金を知る

今の時代、若手成金のほとんどはITベンチャー系でしょう。歳で言えば、30代前半から40代前半。あなたがもしサラリーマンなら、そんな人たちと出会うのは取引相手が一番多いでしょう。そうなればほめ言葉も必要不可欠です。さっそく、どうやって気持ちよくさせればいいのか考えていきましょう。

もし若手「社長」が相手なら、その言葉や考え方、行動に尊敬する面も憧れる面もたくさんあるはずです。けれども、ここでほめる相手は若手「成金」。「成金」なのです。つまり、若くして成功した以外には何の魅力もない、ちょっとイヤ〜な人たちです。その生態も、いかにもな人たちです。

しかし、そのほうがかえってほめるのは簡単。車にスーツ、時計、バッグなど、見てほしい感ありありのブランド物で揃えているので、ご希望通りそこをほめ倒してあげればよいのです。とはいえ、これで終わってしまっては

ただのペコリーマンにすぎません。なまじ同世代だった場合は、惨めな思いも湧いてくるでしょう。そこでオススメしたいのが、1つでいいから勝てる知識、趣味を持つこと。今持っている知識に自信があれば、それを強化していけばいいでしょう。もしもこれから趣味をつくろうと思うのであれば、お金がかかるものにしたほうがお得です。例えばゴルフ、テニス、フィッシング、スノボ、スキューバダイビングなど。社長を趣味に巻き込むことができれば、初期費用なんてあっという間に帳消しになるくらいゴチになれるでしょう。ただし、そこそこ上達してから誘ってください。最初は知識、実力ともに圧倒的に勝っておかなければなりません。というのも、実力があればわざと負けることができるからです。

最初はもう容赦なしに打ち負かしましょう。徐々に相手に合わせるようにレベルを下げていき、負けてあげる。最初に圧倒的な差を見せつけておけば

見た目でわかる！ 若手成金の生態

- 見た目が若い
- Facebook上はミーハー写真だらけ
- 肩書きの違う名刺を何種類も持っている
- 誘われると5分だけでも顔を出す

おくほど、勝たせた時の喜び具合は上がるはずです。言葉で気持ちよくさせるのもありですが、こういった行動で持ち上げるのも、大いに有効です。

社長ともなると、仕事に追われることも少ないので、わりと時間を持て余している人が多いようです。ですから映画鑑賞、スポーツ観戦、読書、おいしい店探し、小旅行 etc.……自分磨きに使える時間が一般のサラリーマンより圧倒的に多いのです。つまり、大失敗してもらわない限り、我々は一生追いつけない人種だとも言えます。悔しいですが、事実です。

mission 2-6
正しい若手成金のほめ方

全然、電車が似合わなさそうですよね！

ポイント | ONE POINT ADVICE
もはや、「外国人」や「タレント」を見るような感じでいいでしょう。ただし、劣等感を抱いてはいけません。

同ロジックのほめ言葉
「え！カップラーメンとか食べるんですか！？」
「チェーン店が似合わないですよね」

こでは「電車」にしましたが、バスや原付でもOK。もちろん、乗り物でなくてもかまいません。つまりは「一般的なもの」であれば、なんでもいいんです。だったら何が似合うっての?」ということになるでしょ

うから、この後に最初から「圧倒的に外車のイメージです」とつけ加えてもよいでしょう。

他には「プール」より「海」、「TSUTAYA」より「映画館」なども有効かもしれませんね。

WARNING! 1　1円は1円。100万円は100万円!

「社長だったら何千万、何億と稼いでいるんだから、10万円くらい僕らの10円でしょ?」と思う方も多いと思いますが、この感覚は危険です。例えば、同僚に1万円分ごちそうになるのと、彼らに1万円分ごちそうになるのとで、感謝の気持ちに差が出てしまいかねません。金銭感覚は常に自分に合わせましょう。

WARNING! 2　「女がいっぱい寄ってくるでしょう!」発言は周囲に気をつけて!

「お金をたくさん持っていれば、それを目当てに女がたくさん寄ってくる!」というイメージは、男性なら誰しもが持っているはず。しかし、女性をバカ扱いする発言は、あなたの印象を悪くしかねません。言ってから気づいた場合は「かっこいいし!」を後づけしてごまかしましょう。

WARNING! 3　ネガティブ発言、愚痴は言わない!

相手はあなたと直接の上下関係があるわけではありませんが、社長や役員クラス。心を開いているパフォーマンスのつもりで会社の不平不満や愚痴を並べると、「こんな社員うちにいたらイヤだな」と思われる可能性があります。仕事に対してはマジメさをアピールしておくべきでしょう。

---

one more ☞ あるいは、こんなアプローチ

　年齢に関係なく、社長は偉人か残した「名言」が大好き。社長室にはだいたい、誰かしらの名言が額縁に入れて飾られていたりするものです。ですから、相手の言葉や行動、理念などに通じる偉人の名言を「(偉人)がこんな名言を残しているんです」と言いながら披露してみてください。自分が歴史に名を残す偉人と肩を並べたかのような感覚が、若手成金を襲うことでしょう。偉人名の前に「僕の尊敬する」をつければ、さらに効果的です。

etc... その他、おぼえておきたいフレーズ集

○△さんとは、プライベートでも仲よくさせてもらいたいですね

(気さくすぎて)全然、社長っぽくないですよね

どこまで昇っていくか、すごく楽しみです!

mission 2-7

親バカ
///////////// の正しいほめ方 /////////////

親バカを知る

自分の子供がかわいくてかわいくて仕方ないのは当たり前、自慢したくもなるでしょう。

しかし、いかんせん子供のいない人には伝わりづらく、ただ、めんどくさいなと思われてしまうことも多いようです。今は親バカのその人も、子供ができる前は同じことを思っていたにもかかわらず、そうなってしまうのですから、子供の力ってスゴいなと感心してしまいます。

ともあれ、本来なら「バカ」と呼ばれて嬉しいはずはないのですが、親バカに限っては自分で名乗ってしまうほど。それくらいバカになっているということを念頭に置いておきましょう（ちなみにファミレスやデパートなどで子供がはしゃぎ回っているのを放置するのは親バカではなくバカ親なので、ここでは別です）。

さて、そんな親バカには、親本人よりも子供をほめるほうが刺さります。これ以上ない親バカに対する喜ばせ方

は、「周りの知ってる子供の中で一番かわいい」でしょう。確かに自分の子供は一番かわいいと思いつつも、そこにはかなり親補正が入っていると本人たちも自覚しています。だからこそ、赤の他人からの「かわいい」は嬉しさも倍増なのです。ただし、これは子供がいない人が使ったほうが素直に刺さるかもしれません。というのも、言ったほうにも子供がいる場合は、当然お返しの「かわいい」を繰り出す必要があるからです。社交辞令に取られる場合もあります。もしあなたがまだ子持ちでないようであれば、今のうちにバンバン使いましょう。

アルバムや携帯に入っている写真を見せてもらう、というのもテンションを上げさせるポイントです。「かわいい」とほめたら、「じゃあこれも見て！」と結局見せられることに変わりはないので、だったら先に自ら進んで「他のも見たい！」と言ってください。女性でも男性でも、子供好きのイメー

見た目でわかる！親バカの生態

 子供の名前に個性を出しすぎて、親以外読めない

 大学卒業までの人生設計が幼稚園に上がる前から決まっている

👆 子供にサングラスをかけさせた写真を必ず撮っている

👆 SNSで活発に情報交換をしているので、全国に知り合いがいる

ジは好印象です。周囲からの評価も上がるでしょう。

最近ではSNSを利用した親バカたち、特にママ友たちの情報交換や交流がかなりお盛んです。生態をさらに詳しく知りたいならSNSを見るといいでしょう。なんだかんだ言って「ハーフの子にはかなわない」と思っている、という雰囲気が読み取れます。また、コメントをもらったらちゃんと返事をし、今度はお返しにコメントをする、律儀な一面もうかがえます。それをめんどくさがらず、つながりを広げたり情報共有することに熱心な彼らはやはり、善良な一般市民と言えるでしょう。

mission 2-7

正しい親バカのほめ方

☆△ちゃん（子供）も、絶対パパ（ママ）のこと大好きだろうね！

ポイント | ONE POINT ADVICE

後ろに「子供の表情を見れば幸せさが伝わってくる」をつけるようなニュアンスで言いましょう。羨ましさもプラスすればさらにgood！

同ロジックのほめ言葉

「写真からでも幸せさが伝わる！」
「どうやったらこんな
かわいい子、つくれるの!?」

当たり前のことでも、言うと言わないでは全然違います。どんどん言っていきましょう。彼らはすべてのほめ言葉を素直に受け取ってくれる傾向が強いので、他属性の人たちよりもほめ方が圧倒的に楽です。このフレーズは、「子供もいかに自分を愛してくれているか」が他人にも伝わっているということなので、今すぐ家に帰って子供に頬ずりしたくなるくらい喜ぶでしょう。男の子ならママ、女の子ならパパに使うと、より効果的です。

WARNING! 1 性別がわからない時は女の子で

たまに、小さすぎると女の子か男の子か区別がつかない場合があります。この時は必ず「女の子ですか?」と聞きましょう。もし女の子だった場合は、正解ですし、男の子だった場合でも、女の子に見えるくらいかわいらしいということになるので、失礼にはあたりません。

WARNING! 2 ほめるためでも、他の子供をダシ使わない

子供のかわいさを表わす時は、「○×さんとこの子供よりもかわいいね」など具体的な比較はNG。よそでは自分の子供も比較されてダシに使われているのかも……と勘ぐられてしまう危険があります。基本的に子供はみんなかわいい、その中でも「あなたの子供が一番かわいいですよ」というスタンスでいましょう。

WARNING! 3 裏には苦労もたくさんあることを忘れずに!

出産、子育てはとても大変なことです。手放しに羨ましがってばかりいると「この人、子育て、舐めてんな」と思われてしまいます。人には言わないだけで幸せ全開の親バカにも、その裏にはつらいことや大変なこともあるのをお忘れなく。

あるいは、こんなアプローチ

最近では、子供のファッションにもこだわりがある親バカたちが少なくありません。ですから、ひとしきり容姿をほめたあとは、ファッションにも目を向けてみましょう。実際に子供を前にしてほめるのも効果的ですが、特に写真に写った服をほめると「おぉ! そんなところまで気づいてくれましたか!」と、より喜んでもらえるはずです。子供の服やアイテムは当然、親が選んだものなので、間接的に親の美的センスをほめることにもなります。

etc... その他、おぼえておきたいフレーズ集

大きくなったら美人（イケメン）になりそう!

パパとママのいいとこ取りの顔だね〜

キミんとこの子供を見ると、ホント子供っていいなぁって思うよね

MISSION 2-8

ジコチュウ

////////////// の正しいほめ方 //////////////

ジコチュウを知る

自己中心的な人を「ジコチュウ」と呼ぶようになったのは、いつからでしょうか。

「あんたジコチュウだよ」

人から言われてもっともショックな一言の1つです。なぜそこまでショックなのかといえば、言った側の「前から言おうと思ってたんだけど」感と、世間が持つ「ジコチュウ」＝「絶対悪」感からくるインパクトでしょう。自分がジコチュウという自覚があれば、そんなにショックは受けないはずですから、だいたいのジコチュウは自分がそれだと思ってもいません。

誰でも人生の中で1度や2度は「それはジコチュウな考え方だよ」と言われたことがあるはずです。そして、それを言われて「あ！本当だ‼ 俺（私）、ジコチュウだったよ‼」となった人はほぼいないでしょう。反論するか、「そう思う人もいるんだなぁ」としぶしぶ納得するかです。ではこの時、どう言ってもらえば嬉しかったか考えてみてください。ほとんどの人は、「そうだよね！その通りだよね‼」と同調してもらいたかったはずです。このフレーズで、ジコチュウはご満悦です。がしかし、同調し続けるばかりでは、どんどん調子に乗ってジコチュウがひどくなる一方なので、そこはケアする必要があります。

ここまでで「ジコチュウ」がいかにめんどくさい存在かご理解いただけたと思いますが、彼らのもっともやっかいな点は、「思い通りにいかなかったら不機嫌になる」ことです。ジコチュウの思う通りにさせたらみんなが楽しくない、けれどもその通りにしなかったら、今度は不機嫌オーラ全開で周りに気をつかわせる……と、どちらを選んでもろくな結果にはなりません。だとしたら、あなたがジコチュウの出した意見をみんなが納得できるようにフォローするか、意見が通らず不機嫌になったジコチュウをうまくほめて納得させるか、2つに1つです。

見た目でわかる！ジコチュウの生態

- 自分への否定的な意見は全部嫉妬だと思っている
- 独学でなんでもできると思っている
- イエスマンを常に配置している
- 野心家が多いため、出世の早い人が多い

　ジコチュウが自分で気づきにくいのは、ジコチュウを「他人のことまで考えが及ばない人」と定義しているからです。たいていのジコチュウは「自分もよいと思っているんだから、相手もそう思っているはず」と、他人のことを気にしているつもりになっているので、自らのジコチュウさ加減に気づかないのです。「ちゃんと他人のことも考えてる俺（私）はＮＯジコチュウ！」というわけです。

　「自分にもできるんだから、あなたもできる」「あなたのためを思って言ってあげている」なんて言葉は、ジコチュウが好んで使うフレーズと心得ておきましょう。

mission 2-8
正しいジコチュウのほめ方

舞台が整えばリーダーに向いてると思う!

ポイント | ONE POINT ADVICE

ジコチュウ論を展開した時に言いましょう。一瞬だけでもジコチュウは完全に忘れて、目の前の人はすごく頼りになる人!と思い込んでください。

同ロジックのほめ言葉

「考え方がリーダー的だよね」
「引っ張ってもらいたい人たちにとったら最高だよね」

ワンマン社長、ワンマンチーム、ワンマンバンド etc.……。「ジコチュウ」にカリスマ性と才能を足せば、みんなを引っ張る立派なリーダーに早変わり。カリスマ性は受け手次第ですし、適材適所という言葉があるように、才能はどこで発揮されるかわかりません。だからこそ、このフレーズは単なるジコチュウに夢を見させる効果があります。自分を中心に考えるジコチュウは、リーダーという言葉の魅力にめっぽう弱いのです。

WARNING! 1 S＝ジコチュウ？

自称でSを語る人は少なくありませんが、話をよくよく聞いてみると、ただのジコチュウだったりすることは多いもの。SとMは強い信頼関係がなければ成立しません。独りよがりはSではなく、ただのジコチュウ。誰もが陥りやすい勘違いなので、気をつけましょう。

WARNING! 2 ジコチュウ＝自分のことしか考えないとは限らない

自分をジコチュウだと認めない人たちの言い分は、たいてい「あなたのためを思っての行動なのに!」です。他人の気持ちを勝手に決めつけてしまうのは、ジコチュウの典型です。自分自身がそうなっていないか、まずは確認しましょう。

WARNING! 3 ジコチュウに多数決は通用しない！

意見が分かれた時の解決方法に多数決がありますが、彼らは自分の意見は絶対正しいという自信に満ちあふれているので、多数決では決して揺るぎません。この時、たちの悪いことに「お前らは、裏で結託している!」という被害妄想まで持ってしまいます。こんな経験がある人はジコチュウの恐れありです。

👉 あるいは、こんなアプローチ

自分の思うままに行動しているのに嫌われない、むしろ「あの人は、ああいう人だから」と許される存在がいます。そう、マイペースです。だったら、ジコチュウが自分の意見を押し通そうとする前に、「あなたはマイペースだから、それでいいんじゃない?」と止めてしまいましょう。ほめられているわけではないですが、集団の中で許された唯一の特別枠に入れられたと思わせれば、意見を押し通そうとする気持ちをぐっと削れるはずです。

etc... その他、おぼえておきたいフレーズ集

ぐいぐい引っ張ってくれる人っていいよね

頑固だね〜

一匹狼が似合いそう！

MISSI

限りなく残念な人
のほめ方

ON 3

バカ、ダメ人間、方向音痴 etc. ……見た目ではわからない爆弾を抱えている人々は、なかなかの強敵揃い。とりあえず、ほめましょう。そうしましょう。

MISSION 3-1

バカ

の正しいほめ方

バカを知る

そもそも、百害あって一利なし、と思われるバカをほめることでどんなメリットがあるのでしょうか？

「バカとはさみは使いよう」というように、バカ（と呼ばれる存在）は意外と役に立つものです。どんなにバカだと思われている人でも、役に立つシーンは必ずあるのです。なぜなら、「バカ」は、デブのように「何かが一定の基準を超えた状態」というよりは、ほとんどが主観的な価値観のズレだからです。だからこそ、「バカ」と一口に言っても、その実体はさまざまなのです。「一般常識を知らない」「人の気持ちがわからない」「結果が想像できない」など、彼らに共通するのは「考えることができない」「考えない」ということにすぎません。これをプラスに考えてみましょう。

・人の気持ちを考えない
　➡客観的な意見が聞ける

・一般常識を知らない
　➡手軽な笑いが取れる

・難しいことが苦手
　➡この人が理解できれば、子供からお年寄りまで理解できるということ

・すぐ調子に乗る
　➡頼みごとをしやすい

・深く考えない
　➡ストレートな意見が聞ける

・結果が想像できない
　➡ナンパができる

あなたとはまったく違う価値観を持つバカは、あなたができないこともできる可能性を大いに秘めているのです。あなたが「考えてしまって」二の足を踏んでいることのシミュレーターになってもらえるとも言えます。

仕事では腹の立つことばかりでも、仕事以外のことや、プライベートでそれを補ってもらえれば、多少のミスも許せるようになるはずです。

見た目でわかる！ バカの生態

 バカと天才は紙一重！くらいのバカは、めったにいない

 プライベートの人気ぶりは目をみはるものがある

自称文系が多い

何度失敗しても許されるバカは、実は賢い可能性がある

　ちらに損害がなければ、バカ（もちろん人に迷惑をかけないもの）ほど見ていて楽しいものはありません。

　ただ、気をつけなければいけないのは、楽しそうだからといって、決してマネをしようとしないこと。

　バカ（とあなたが思っている人たち）は、バカにもかかわらず、曲がりなりにもあなたと同じ会社や学校に入り、そう差のない生活水準をキープしているのです。それを可能にしているのは、ずばり「運」だけです。「運」のないあなたが、遊び半分でバカのマネをすると、取り返しのつかないことになるかもしれません。

mission 3-1
正しいバカのほめ方

ホントにハートが強いよね！

ポイント | ONE POINT ADVICE

「自分には絶対できない！」感を出して言いましょう。何かをさせたい時、頼みたい時にだけしか言わないと、魂胆を見抜かれてしまうので、定期的に。

同ロジックのほめ言葉

「めちゃくちゃ勇気あるよね」
「○○じゃないと許されないよ」
など

普段、怒られることや失敗で凹むことが多いバカ（と、あなたが思っている人）にとって、ほめられることはそうそうありません。ですから、たった一言のほめ言葉でも大きな効果があるでしょう。

しかし、注意しなければいけないのが、相手がバカであるということ。ほめ方によっては、調子に乗らせてしまう危険もあります。あとは、いかにあなたがバカを優しく見守れるかにかかっています。

WARNING! 1 「頭悪いんじゃないの？」はNG！

ほとんどの場合、バカにバカと言ってもわりと許されるのは、「その行動に対して」使っているためであって、ピンポイントで「頭」と言うと全否定することになってしまいます。いくらバカでも、これには傷つくこと間違いありません。

WARNING! 2 遊び半分でほめない

バカはよく言えば純粋であるため、人の意見を素直に受け取ってしまいます。100％無理な行動をおもしろ半分であおるのは、いくら笑いがあっても、いじめと紙一重なのでやめましょう。ここに気をつかえないと、あなたが周囲から「バカ」のレッテルを貼られてしまいます。

WARNING! 3 踏み込みすぎない

とはいえ、周囲からバカの仲間だと思われてはいけません。適度な付き合いをするためにも、絶対的な信頼を寄せられるようなほめすぎには注意しましょう。バカに「地元の友達を紹介される」「肩を組まれる」「"お前もそう思うよな!?"と言われる」ようであれば、要注意です。

あるいは、こんなアプローチ

たとえバカでも、絵が上手だったり、手先が器用だったりすることもあります。「隠れ家的な店を知っている」「異性の友達が多い」「電化製品に詳しい」「ファッションに詳しい」「楽器が弾ける」など、ちょっとしたことでも、意外なほめポイントが見つかるはずです。また、逆に「苦手なことを聞く」ことも大切です。苦手なことをやらせていても、イライラするだけ。だったら、苦手なことをリサーチしておけば、「ほめる」ことはなくても「腹が立つ」ことは減らせるはずです。

etc... その他、おぼえておきたいフレーズ集

見てるだけで元気がもらえる！

友達としては100点だよね！

ルフィっぽいよね！

MISSION 3-2

ダメ人間
の正しいほめ方

ダメ人間を知る

ダメ人間の悪いところは、それを自分で自覚しているところであり、それを改善しようとしない（改善しようと思っているだけで行動に出ない）ところにあるでしょう。「あんな風にはなりたくない」と反面教師となるのが、唯一のプラス面かもしれませんが、あなたにかかる迷惑はそのプラスを大きく上回ってきます。「いやいや、他人に迷惑かけてないんだからいいじゃん」とダメ人間たちは言います。が、こちらからすればそれは「まだ迷惑がかかってない」だけであって、ゆくゆくは必ず迷惑をかける可能性大の危険人物。

貸したお金や物を返さない、連絡がつかない、トラブルに巻き込まれるetc.……考えればきりがありません。実際コトが起こった時には取り返しがつきません。あなたができることは、今のうちに関係を完全に切るか、なんとか更正の道を歩ませるか。見捨てるのは簡単、その場しのぎで持ち上げる

のも簡単ですが、ここではあえて難しい、更正の道へ導くようなほめ言葉を探っていきましょう。

ほめるところが見つからないのがダメ人間ですが、ということは、ほめられ耐性が極端にないので、基本的にはどんなほめ言葉も素直に響くはず。極端な話、何かを取ってくれたら「優しいね」でOKです。彼らには大きなほめ言葉は必要ありません。ほめられる喜びを植えつけていくことが大切なので、とにかく小さな「ほめ」を連発しましょう。

この時、気をつけるのは対象が異性の場合。ほめを連発していると、自分に惚れていると勘違いさせてしまいます。それが困る場合は、ほめるポイントを自分の意見ではなく「〜なところがグッドだと思う人はけっこういると思うよ」など、客観的な言い回しをするとよいでしょう。他人の長所を些細なことでもたくさん探すのは、ダメ人間のためだけでなく、ほめテクニック

見た目でわかる！ ダメ人間の生態

 自分磨き、仕事への努力はゼロだが、ギャンブルへの努力は惜しまない

 給料日前はいつも金欠

財布がボロボロ

まれに「なんで！？」というかわいい彼女がいる

全般に役立つことなので、修行のつもりでがんばってみてください。前向きなことを言うことで、自分の気持ちも前向きになる要素もありますしね。

傍から見ると、本当にどうしようもないダメ人間たち。しかし、彼ら自身は周囲が思っているほど悲観的ではありません。ここがマイナス思考との大きな違いなのですが、彼らには瞬間的な楽しみがあります。ギャンブル、風俗、酒などです。イヤなことから一時的にでも逃れる方法を持っているのが、なかなかダメ人間から脱却できない大きな要素でもあります。これらの趣味に片足でも突っ込んでいる人は、ダメ人間の素養アリです。

mission 3-2

正しいダメ人間のほめ方

（ダメなところが目立っちゃって）
いいところが消えてるのは
もったいないよ！

ポイント | ONE POINT ADVICE

強めに言うと、思ってあげている感が出ます。バカじゃないの？」をつけたいくらいですが、心が折れるといけないので、思うだけにしましょう。

同ロジックのほめ言葉

「素材がいいのに宝の持ち腐れだよ」
「もったいないなぁ。
ほんっとにもったいない！」

ほ め言葉は先にも述べたように些細な「ほめ」ジャブの連発が有効です。けっこう効いてきたなと思ったら、そのタイミングで、せっかくの美点がすべて、ダメなところで帳消しになってしまっていることをわからせれば、生活改善の大きなきっかけになるはずです。また、ほめるポイントは性格や見た目ですぐに思い出せるところにしましょう。なぜなら、めったにほめられることのない彼らは、決してその言葉を忘れないからです。

WARNING! 1 ほめた言葉を忘れるべからず

次に会った時にあなたが何をほめたか忘れていると「その場しのぎで適当に言ったんだな。ウソつき！ 信用できない！」とせっかくのほめ言葉がマイナスに働いてしまいます。

WARNING! 2 大きなほめはキケン！

ダメ人間は保険があると安心してすぐにさぼります。特に具体的な根拠もなく「本気でやれば絶対できるコだよ！」なんて言おうものなら、「本気を出せばいつでも状況を打破できるんだし、今はもうちょっと体力を温存しておこう」となってしまいます。根拠のない自信はつけさせないほうがよいでしょう。

WARNING! 3 他人と比べない

いわゆる競争社会から何らかの理由で脱落した人たちですから、他人と比べられるのを嫌がります。個性をほめながら、今の生活ではそれがまったく活かせていないことをわからせていくのがベストです。

one more あるいは、こんなアプローチ

　ほめられるようなことを強制的にはじめさせるというのもアリです。例えば、明日のあなたのお弁当をつくらせてみるのはどうでしょう？ 一度だけ一旦作らせてみて、そうでもなくてもベタぼめする。男同士なら、それに見合った金額を払うというゲーム性を持たせるとよいでしょう。すぐにはじめられて、出来次第では少し稼げる。趣味にもなるし何よりほめられる。そう思わせればきっとハマるでしょう。最初の一歩を踏み出させることが大切なのです。

etc... その他、おぼえておきたいフレーズ集

根はいい人なんだよ

自分の魅力に気づいてないだけだよ

今の状態からだと、何をしてもプラスになるよ

MISSION 3-3

方向音痴
の正しいほめ方

方向音痴を知る

男性と女性の違いで「許せる」「許せない」が分かれる「方向音痴」。男性にとってかなりマイナスイメージが強いのは、これだけでかなり頼りなさ感がハンパなく出てしまうからでしょう。

バカにされるのが当たり前となっている「方向音痴」ですが、この一番の原因がそれをあまり自覚していないというところにあります。「いやいや、方向音痴だと自覚してるし……」という人もいると思いますが、自覚しているだけではまったく意味がないのが「方向音痴」。

そもそも「方向音痴」ということだけでは、「大変そうだね」と同情することはあっても、そんなに責められることはありません。それでも責められたりバカにされたりしてしまうのは、「方向音痴のくせに対処法が甘い」「人に迷惑をかける」からです。そこに情けなさ、格好悪さが集約されているのです。

地図が読めないなら、ナビアプリを使う、人に聞く、知らない土地で近道をしない、タクシーで目的地の目の前まで行く、下見に行っておく、「方向音痴ですので！」と先に謝っておくetc.……。これをやらないから責められ、嘲られ、恋愛対象から外されてしまうのです。

店内で一周すると右から来たのか左から来たのかわからなくなる、ちょっと広めの居酒屋でもトイレから席に戻ってこられないなど、これくらいなら方向音痴としては重症でも笑えるので許される範囲です。

本来なら体にナビタイムを埋め込むべき彼らですが、対策にそこまで本気にならないのは、方向音痴は常に発動するものではないからでしょう。たまに、初めてのお店や待ち合わせ場所でも、一切迷わず最短距離で到着できたり、近道が成功したりすることで、10回道に迷っても、1回の成功で「俺（私）はできるコ！」とよいイメージだ

地図が読めない

 初めて行く店でトイレに行ったら10分は帰ってこない

見た目でわかる！ 方向音痴の生態

恥ずかしがり屋で人に道を尋ねられない

方向音痴だからといって、早めに出発はしない

けが残ってしまうのです。単なるバカと言っても差し支えなさそうですが、頭はいいのに方向音痴の人もたくさんいるので、きっと「脳」の使い方の問題なのでしょう。

人に迷惑をかける方向音痴は「さも知っているように歩く」「迷っても人に道を聞けない」など、わからないことをはっきり言えない、恥ずかしがり屋が多いのではないでしょうか。悪く言えば見栄っ張り。だからこそ、方向音痴には目をつぶって、少し彼らを立てるような接し方をすれば上手に扱えるはずです。

MISSION 3-3

正しい方向音痴のほめ方

一緒に散歩したら楽しそう！

ポイント | ONE POINT ADVICE

周囲の「方向音痴」バッシングを一通り聞いてから最後に言うとより際立つでしょう。さらっと言えれば純粋さが出て好印象！

同ロジックのほめ言葉

「それって毎回、冒険じゃん！」
「逆に裏道とかいっぱい知ってそう！」

方向音痴と行動を一緒にして困るのは、時間や目的が決まっている時です。地図が読めない、現在位置がどこかわからない、目的地に着かない、疲れる、遅刻する、などマイナス面がほとんどです。しかし、逆に考えれば、時間も目的もないただの散歩の場合は逆に楽しいものです。散歩するなら知っている道より、知らない道のほうが新鮮でしょう。意外な近道や隠れ家的なお店など、新しい発見もあるかもしれません。

WARNING! 1 方向音痴と性格をひとくくりにしない

方向音痴と聞くと、「頼りない」という印象を受けるかもしれません。しかし、性格的に頼りないのと方向音痴はまったく別物。優柔不断も、しかりです。しっかりと分けて考えてあげてください。

WARNING! 2 確認はさりげなく

いくら大丈夫と言っても迷うのが方向音痴。しかし「本当に大丈夫なの？ 地図は？ 一回見せて」などと言ってしまうと、険悪な雰囲気になってしまいます。ですから、「そこには何回か行ったことあるの？」「あっ！ もしかしたら知ってるかも!! ちょっと地図見せて!」など、さりげなく確認しましょう。

WARNING! 3 方向音痴は運が悪い

右か左かの二択を8割の確率で間違う方向音痴。基本的に引きが弱い上に、道順覚えに必死すぎて、ようやく辿り着いた店が定休日だったりします。そんな時は本人が一番ショックを受けていますし、あなたに申し訳ないと思っています。事前に確認しておくか、たとえ休みであっても怒らないであげてください。

---

one more あるいは、こんなアプローチ

　毎日が自動的にウォーキング、という方向音痴は、かなり健康的な毎日を過ごしています。彼らと出かける時は、それに付き合うことを意味します。「今日は歩く！」と心に決めておきましょう。方向音痴は（歩かせて申し訳ない）と思っているので、「最近、歩いてないからいい運動になった！」「健康的だよね」など、ポジティブな一言をかけてあげると「なんて前向きな人なんだ！」と思ってくれることでしょう。

etc... その他、おぼえておきたいフレーズ集

きっと太らないね！

だから歩くの速いんだ！

なんかかわいいね

MISSION 3-4

料理下手

の正しいほめ方

料理下手を知る

自信満々で出された料理が絶望的にまずかった時。あなたのためにつくってもらったということもあって、「マズい！」なんてセリフはもちろん、残すことすら許されません。あの日、あの店で同じ料理を食べて2人揃って「おいしい！」と笑い合ったのは夢か、はたまた幻だったのか？と記憶の旅に出た経験がおありの方も少なくないでしょう。

この手の輩がやっかいなのは、よかれと思ってのことだということ。正直に言ってしまっては傷つけてしまいますし、ごまかすにも限界があります。やはり、ほめ言葉をうまく使いながら料理の味を調整していくのが一番の方法でしょう。

まずは食べたい料理を指定することです。そして参考になる本や情報をきっちり伝える。この時、ただ渡すだけではいけません。料理下手の悪いところは、レシピに忠実に作ればいいものを変なオリジナリティを盛ってくる

ところです。ですから、「これが食べたいっていうより、この味が食べたいんだよね」と「味」を強調したお願いをしましょう。けっこう強めに。ちょっとした隠し味に使われるものは、わざわざ買いに行くのも面倒ですし、CPも悪い。そうなると、ここでもまたオリジナル代用品を使ってくる危険があります。それを回避するためにも、「味」についてはしっかり伝えましょう。

2つ目は、「一緒につくろう」と誘うこと。手伝うと言うと「大丈夫！」と一蹴されかねません。これはおかしなことにならないための監視ですが、普段そんなことを言わない人が急に言うと変に勘ぐられ、別のもめごとが発生してしまいかねませんし、時間の都合もあるでしょう。これがムリなら冷蔵庫の中をチェックして、その中で作れるものを発注するか、前日に必要な材料一式を揃えておく必要があります。優しさもアピールできるので、どちらにしても好都合です。シメのほめ

見た目でわかる！料理下手の生態

- 作りながら味見をしない
- そこそこ上級レベルの料理に挑んでしまう
- 好き嫌いが多い
- 胃に入れば全部同じだと思っている

言葉ですが、ここで「味」をほめてもそれはレシピの手柄です。味よりも忠実に再現した腕を讃えましょう。「すごい！ここまで完璧に再現できるんだったら、もっとお願いしたいのいっぱいあるよ！」こう伝えることで、料理の楽しみが「再現」になるため、おかしな味は極端に減らせるはずです。

白 分も食べるとはいえ、人のために料理をつくってくれるのですから、基本的に悪い人は少ないと思われます。ただ、普通は絶対にしないであろう料理アレンジも平気でやってしまう大胆な人たちですから、けっこう変わった人、それも探究心が強めの変わり者が多い印象があります。

MISSION 3-4
正しい料理下手のほめ方

……うん。
大人の味だね

ポイント | ONE POINT ADVICE

想定外の味と遭遇した時、表情はどうしても"ぐっ"てなってしまいます。この言葉を出す時は、逆にそのぐっとした顔のままのほうが説得力が出るでしょう。

同ロジックのほめ言葉

「この味は初めてです!」
「これは、おもしろい味ですね!」
など

苦い、渋い、珍味など……マズさを感じさせる理由はさまざまですが、これをプラスの一言でまとめられる便利な言葉があります。それが「大人の味」。

味はあくまで主観的なものなので、「マズい」と捉えずに「理解できない」と考えましょう。さらに「大人の〜」とつけ加えることで「リッチな」「ワンランク上の」感も出せます。

WARNING! 1 「おいしい！」は絶対禁句

あなたのためにつくってくれているのですから、そのあなたがウソで「おいしい!」と言ってしまったら、また同じ料理を出してくる可能性が非常に高くなります。「おいしい」は封印し、一口めの感想を言ったあとは極力、全然関係のない話題を振り続けましょう。

WARNING! 2 味ではなく、行為に感謝

どんな簡単な料理でも、手間はゼロではありません。それを踏まえて、味ではなく「行為」への感謝を心がけましょう。もしあなたの味覚に合わなかったことがバレた場合は、「俺(私)は結果よりも過程を大切にするほうだから、つくってくれただけで十分だよ」と、目先を変えてあげましょう。

WARNING! 3 思っているより、見られている！

特に初めて出す料理の場合、食べた人の評価は気になるもの。言葉でうまくごまかしたつもりでも、油断は禁物。箸の進み具合は、意外と見られていると思ってください。少量ずつでも口に運ぶことが大切です。

one more あるいは、こんなアプローチ

味のことには触れていないのに、「おいしい」と言われているように思わせる一言があります。それは「あぁ、おなか空いてる時に食べたかったなぁ」です。真意は「おなかが空いていれば我慢できる!」ですが、料理下手には「おなかが空いていれば、もっとおいしいんだろうな!」と、脳内で変換されて聞こえるものです。

残す言い訳にもなるフレーズですから、うまく使いこなしましょう。

etc... その他、おぼえておきたいフレーズ集

この味がわかるようになるとかっこいいかもね

これ絶対、思い出に残る味だわ

(料理名)のイメージが変わりました！

MISSION 3-5

存在感ゼロ

の正しいほめ方

存在感ゼロを知る

学校や職場などに必ずいる存在感ゼロの人たち。ひと際目立ってゼロなので、注目してみると逆にすぐに見つかる存在でもあります。しかし、彼らは一体なぜそんなに存在感がないのでしょう。

理由の筆頭格に挙げられるのは、超控えめな性格です。自分の発言で空気を乱す不安、注目されることでのプレッシャーを受けたくないといった、ネガティブなAパターンがこれにあたります。対して、その集団のノリが合わないからあえて存在感を消しているのがBパターンです。いずれにせよ、存在感がないことには理由があるのです。知れば、興味深い趣味や特技を持っていたり、もしかするとマンガやドラマのように、メガネを取ったらまさかの美男美女パターンもないとは言いきれません。ほめてみる価値はあります。

単に目立てないAパターンの場合は、人付き合いが苦手なだけで、根にはしっかり「いつか私も中心になって

みんなと仲よくなりたい！」という願望があるので、きっかけさえあれば、仲よくなるのはわりと早いかもしれません。彼らのファッションの基本は地味ベースですが、その中にもちょっとしたこだわりのアイテムがあるはず。そこに注目して話しかけるきっかけにしましょう。

Bパターンの場合は集団のノリが合わないだけで、人が嫌いというわけではありません。ですから、声をかける時はあなたも1人の時がベスト。些細なことでもいいので相談系から入るのがいいかもしれません。最初はなかなか心の扉を開いてくれないかもしれませんが、何度かアタックすれば必ず実りはあるはずです。

いずれのタイプにせよ、1人ぼっちなのは同じ。誰も気にもかけてくれない中で、唯一声をかけてくれたあなたはそれだけで十分、好印象を持たれるはず。少し気が知れたところで「あ〜、もっと早く声かけておけばよかった

見た目でわかる！存在感ゼロの生態

 目立った時のシミュレーションは怠らないが、いざその場面になっても、何もできない

 声のボリュームが小かOFFしかない

実はゴシップ好き

争い、もめごとが嫌い

なぁ」と、あなたにとってなくてはならない存在になりつつあることをアピールすれば、今度は向こうから積極的に話しかけてくれるでしょう。存在感がゼロならば、あなたがその人に存在感をつけてあげればいいのです。

 在感がゼロなので、そもそもその生態すらまったく知られていない彼ら。しかも自分からはなかなか情報を発信しtcさません。それゆえ、話すにもどういった話題、切り口でいけばいいか悩むところですが、存在感がゼロの理由が必ずあるはず。それを探るという目的を持って話せば、おのずといろいろと聞きたいことも出てくるでしょう。

mission 3-5
正しい存在感ゼロのほめ方

実はけっこうみんな○○の こと気になってるみたいだよ！

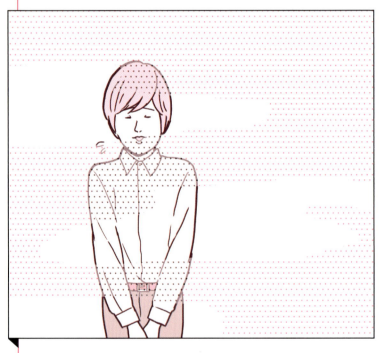

ポイント | ONE POINT ADVICE
「俺（私）って存在感ないし」と、言いそうな雰囲気を感じ取った時に使うとよいでしょう。言われてからだと、お世辞に思われるので注意。

同ロジックのほめ言葉
「夢に出てくる率が
みんなと比べると高いんだよね」
「不思議といないと寂しい」

万が一、逃走犯なのでもない限り、恥ずかしがりこそすれ、人に注目されてイヤな気になる人はあまりいません。自他ともに認める存在感ゼロの人なら、なおさらでしょう。

先にも述べたように、存在感ゼロの人には、あなたが積極的に存在感をつけてあげるのがもっともよい方法です。「みんな」をつけることでよりその効果は上がるでしょう。

WARNING! 1 いきなり集団で注目しない！

基本的におとなしい人たちなので、いきなり集団で囲むにはプレッシャーが強すぎますし、もしこれで空気が変な感じになったら、トラウマになってしまいかねません。集団に入れたい場合は1人、2人と徐々に増やしていきましょう。

WARNING! 2 まず自分がどんな人かを知ってもらう

仲よくなるには、どんな人かを知るのが大切ですが、それは相手にとっても同じ。話しかけるのはあなたなのですから、まずは自分のことを知ってもらいましょう。何度か伝えても向こうからアプローチがない場合は、さらりとあきらめましょう。下手にグイグイつっこむと嫌われる危険があります。

WARNING! 3 上から目線にならないように！

「存在感がなくてかわいそう」「輪に入れなくてかわいそう」という同情感を持って接するのはNGです。そう思われない、そう感じさせないためにも、声をかけるきっかけには気をつけましょう。

あるいは、こんなアプローチ

あえてやっているわけではない「存在感ゼロ」を特技として受け取る、という方法もあります。例えばジュースじゃんけんの時、「ちょっと○△。何また存在感、消してるんだよ。ホントこういう時に気配消すのうまいよね!」と言ってみてください。相手は当然「違う違う!」と否定してくるので「だったら参加しようぜ!」と、自然な会話のきっかけをつかむことができます。いじめっ子っぽい感じにならないようにだけ、注意しましょう。

その他、おぼえておきたいノレーズ集

なんでいつも
そんなクールなの!?

大人の感じ出しすぎ！

ぜんぶ冷静に分析されて
そうで恐い！

101

mission 3-6

フラれたて

///////////////// の正しいほめ方 /////////////////

フラれたてを知る

失 恋からしばらく日が経っていれば、それぞれ言ってもらいたい言葉はあるかもしれません。しかし、相手はフラれたての人。マイナス思考真っ盛りの人に「女（男）なんて星の数ほどいるよ！」なんて言っても、「でも星に手は届かない……」と返されてしまいます。合コンを開いても、結局、最後は酒を飲んでますます落ち込むその人をみんなで激励することになります。放っておくのが一番なのですが、どれだけ引きずるかは性格にもよるため未知数です。そのマイナスオーラは周囲にも悪影響を及ぼしかねないので、なるべく早々に立ち直る方向に誘導してあげたいもの。

とはいえ、つい言ってしまいがちな「そんなクソみたいな相手、別れて正解だよ！」というのは、かなり元恋人のことを知っていたり、恋愛相談に乗っている人だけが使用を許されているフレーズです。さわりだけ聞いてこれを言ってしまうと、「おまえに彼女（彼）の何がわかるんじゃい！」と逆に反感を買い、デリカシーのない人という烙印を押されてしまいます。フラれたての人にはやはり同情や共感しながら、話をじっくり聞いてあげるのが一番ベターでしょう。しかし、しょせんは同情・共感。慰めることはできても、ほめてはいません。

ほめるヒントは落ち込む理由にあります。理由といってもそのほとんどは、あの時こうしていれば、あんなことを言わなければ、一緒にあそこに行きたかったなど、ほとんどが後悔です。だったら、その後悔をなくすことはできないまでも、薄めてあげればよいのです。まずは、恋人にしてあげてきたことを列挙させましょう。

誕生日、時節イベント、サプライズ、旅行などなど。それら1つひとつを手放しでほめてあげてみてください。そして最後に「そこまでやってあげてダメなら、しょうがないよ。よくがんばったと思うよ」で締める。後悔なく結果

見た目でわかる！ フラれたての生態

 常に遠い目をしている

 記憶力の低下が尋常じゃない

悟られないようにする気力すらない

いろいろどうでもよくなっているので、頼みごとをするとだいたい聞いてくれる

を素直に受け入れられるかどうかは、どれだけ全力を尽くせたかによります。これまでの努力を引き立たせることで「後悔」を弱めてあげれば、自然とポジティブに誘導できるでしょう。

魂の抜けた状態、生ける屍状態の彼らを立ち直させるには、ほめる以外にもやってあげられることがあります。

それは感情を取り戻させること。例えば遊園地に連れていく、映画を観に行く、お笑いライブに誘うなど、とにかく大きく感情を出させることで気分をリフレッシュさせてあげましょう。

mission 3-6

正しいフラれたてのほめ方

でも、
よくがんばったね

ポイント | ONE POINT ADVICE

相手に「どこが？ 何が？」と聞かせるために、少しテキトーさを出しましょう。前に「まぁ、なんだかんだ言って」の一言をつけると感じが出せるでしょう。

同ロジックのほめ言葉

「逆に見直したよ！
（ストーカーにならなかったことが！）」
など

れは笑いを取り入れた「がんばったね」です。この時、大切なのは「……何が？ どこが？」と相手に聞かせること。返してきたら、「いや、ほらお前ってストーカーになったり、心中しそうなタイプじゃん？」と、極端な偏見をぶっ込みましょう。相手はその衝撃的な事実にきっと「え⁉ どんな目で見てたの？ するわけないじゃん！ ウソでしょ⁉」と笑って返してくれるはず。自然に笑わせてあげることも、心のリハビリに効くのです。

WARNING! 1 時間には余裕を持って聞く

失恋話は思いが強いほど長くなってしまいます。ですから、時間のない時に聞いてしまうと相手は消化不良になってしまいます。「はぁ……結局まともに聞いてくれる人なんてないんだ…」となってしまうので、聞くと決めたらとことん付き合うか、質問攻めにして展開の主導権を握ってしまいましょう。

WARNING! 2 心に余裕がある時に聞く

未練タラタラなグジグジした感じにイライラしてしまいがちですが、ここは我慢。凹んでいる人への説教は、傷口にタバスコを擦り込むようなものです。この時は同期、先輩、後輩など年齢に関係なく、子供だと思って優しく接してあげましょう。イライラしてしまうのであれば、最初から聞かないほうがマシです。

WARNING! 3 「まだいける」は禁句！

絶対に言ってはいけない言葉があります。「それってまだいけるんじゃない？」です。裏取りもできていないのに、希望を持たせてはいけません。逆に「しつこい人はよけい嫌われるよ！」と注意をしましょう。

👉 あるいは、こんなアプローチ

『恋に悩む者はみな詩人』なんて言葉があるかどっかは知りませんが、哲学的になることは確かです。フラれての人たちは今の自分を客観視できていないので、「心から愛してる」だの「すべてを捧げた」だのといった恥ずかしい台詞をバンバン言ってきます。それらを寒いとは思わず「名言」と考えましょう。「それ名言だね。なかなか言えないよ」と感心してあげれば、悲しいながらもまんざらでもない気持ちよさを与えることができるはずです。

etc... その他、おぼえておきたいフレーズ集

これを乗り越えたら、ほとんどの問題はたいしたことなくなるよ

そこまで人を好きになれるってすごい

それ曲にしたら、売れるかもよ

MISSION 3-7

バツイチ

////////////// の正しいほめ方 //////////////

バツイチを知る

もちろん理由にもよりますが、「バツイチの人は逆にモテる」という都市伝説がまことしやかに囁かれていますが、本当なのでしょうか?

実際、バツイチの再婚率は高く、さらに交際期間も短め。特にバツイチ子持ちの女性は、男性にとって、守ってあげたい感もプラスです。

ところが、実は再婚の人の離婚率は初婚の人よりも高いそうです。これは一度経験している分、離婚への抵抗感が低くなってしまっているからだそうです。再婚同士の離婚率はさらに上がるというのですから、信憑性もあるでしょう。バツイチの人と結婚を考えている方は、少しそこも考えたほうがよさそうですね。さて、そんな人たちをほめるにはどこに視点を持っていけばいいのでしょうか。

再婚率の高さからして、彼らの恋愛へのモチベーションはまだまだ高め。一度幸せの絶頂を味わっているのですから、多少のトラウマがあるものの、

1人の寂しさから一刻も早く抜け出したいはず。となれば、恋愛系でほめるのが一番効果的でしょう。

昔に比べ、かなり寛容になってはいるものの、「傷なしよりバツイチがいい! 恋愛対象はバツイチ限定!」という人はなかなかいないでしょう(同じバツイチ同士の場合は、互いの辛さがわかる分、少し有利に働くこともありますが)。マイナスにならずともプラスに働くことは基本的にないバツイチ。こんな時はさらに「下」を並べてマイナス感を弱めるとよいでしょう。例えば、40歳で考えた場合のバツイチよりマイナスな状況——未婚です。

世間一般的な考えでは結婚していて当たり前の歳。それができないということは、何か問題があると考えられてしまいます。たとえ恋人がいても、男性であれば、いるにもかかわらず結婚もできない甲斐性なし、女性であれば、プロポーズしてもらえない問題持ち、と思われても仕方ありません。年齢によっては

とにかく若い子が好き 感情を抑えられない

見た目でわかる！ バツイチの生態

 気持ちが若い 恋愛のアドバイスが的確

バツイチとはいえ、一度でも結婚しているほうがまだマシです。ですから、これを少し大げさに「でも、その年で結婚してないほうが逆に変だよ！ むしろバツイチのほうがいいよ」と言えば、マイナス要素もほめ言葉に使えます。

　シングルマザーは別ですが、基本的にフットワークの軽いのがバツイチ。これは寂しさからくるものですから、頻繁に誘われても「どんだけヒマなんだよ」「友達いないの？」だけは言わないであげてください。

　常に出会いを求めているので、かなり浅いですが、異性の交友関係はやや広め。仲よくしていればおこぼれもあるかも。

mission 3-7
正しいバツイチのほめ方

まだまだ男（女）を捨ててないところがかっこいいですね！

ポイント | ONE POINT ADVICE

憧れの気持ちを込めて言いましょう。あなたの憧れ感が伝われば伝わるほど、相手に自信を与えることができます。

同ロジックのほめ言葉

「離婚前よりも魅力が増したよね」
「○○さんを見てると、
　離婚も恐くなくなりますね」

バツイチなんて言わば人生最大の大失恋。「男（女）なんてもうまっぴら！」となってもおかしくありません。実際は寂しさのあまり逆にアグレッシブな人のほうが多いのですが……。「そんなつらい経験をしてもなお、再び傷つくことを恐れず、まだ恋を求めている」との見方をすれば、その姿は、満身創痍でもなお立ち上がる戦士のように見えてくるでしょう。

WARNING! 1　話を真に受けない

離婚の原因はさまざまですが、結婚生活がよくなかったことに違いはありません。あなたが未婚であれば、彼らの話を聞けば聞くほど「結婚」に対するマイナスイメージが強くなってしまいます。反面教師として聞くか、話半分で聞きましょう。

WARNING! 2　異性の友達は会わせない

吹っ切れたバツイチはギラギラですから、そこそこイケてる友達を会わせようものなら食らいついてくる危険があります。そうなった場合、成立しようがしまいが相談はすべてあなたに寄ってくるので、あとあと面倒なことになります。避けられるリスクは事前に想定しておきましょう。

WARNING! 3　異性のバツイチとはある程度距離を保つ

吹っ切れたバツイチはギラッギラですから、2人で会おうものならグッと距離を縮めてくる危険があります。シングルマザー、ファーザーの場合は子供と同伴で会うようにしてきたらイエロー信号です。あなたにその気がなければ距離感は大切です。

 あるいは、こんなアプローチ

　バツイチと一括りに言っても、離婚の原因や年齢、あなたとの関係性などでほめる方法も変わってきます。ですから、バツイチすべてをざっくりほめることで、その人もほめられているように感じさせましょう。例えば「バツイチの人ってちょっと影があって渋さがありますよね」や「大きな経験を乗り越えた人はやっぱり器が違いますよね」「大人の魅力が増しますよね」など。具体的にほめるところが見つからない人にも使えます。

その他、おぼえておきたいフレーズ集

ハリウッドでは離婚は
当たり前ですからね！

人生で2回も結婚できるチャンスが
あるなんて、逆に幸せですよ

結婚してた時より
イキイキしてますよ

MISSION 3-8

毒舌家

の正しいほめ方

毒舌家を知る

悪口を好き放題言うのにさほど憎まれず、むしろ好印象を持たれ多くの共感を得ている毒舌家。素直に「聞いててスッキリする!」「的確すぎ! さすがだね!!」とほめたいところですが、毒舌を吐かれた本人がそこにいると、あとで「便乗くそ野郎」と陰口の対象になる危険もあるので気をつけなければなりません。

では、まず毒舌家とはどんな人なのかを分析してみましょう。毒舌の主な要素は2つ。1つは「ユーモア」、もう1つは「共感」です。単なる悪口は聞いていて不快ですが、そこに「共感」と「ユーモア」があれば許せてしまいます。そこをきっちり押さえているような人は決してバカではありません。

意外に照れ屋、人見知りな人が多いのも毒舌家の特徴です。嫌われてもいいと悪態をつくのは、実は極度の寂しがりの裏返しだったりします。そこを理解すると、毒舌家のほめ方のポイントが見えてきます。

普通は単純に「言葉選びのセンス」だったり「空気を一気に変える大胆さ」をほめてしまいがちですが、そこをほめたところで毒舌家には響きません。メインの毒舌ではなく、毒舌前後に注目するべきなのです。例えば、「前」なら毒舌家は必ず、全員にはっきり聞こえる瞬間を計っているはず。「後」であれば直後の笑顔。一瞬ドキッとしても、これで周りも笑っていいものだと安心できますし、言われたほうも「冗談半分」と受け取ることができます。

具体的には、「今から言うぞって時の顔がもう殺し屋みたいになってるよ」（前）、「出た、毒舌からの○○スマイル」（後）といったニュアンスでほめましょう。これはもしあなたに毒を吐かれた場合にも、まったく同じ言葉で「毒舌」の部分から周囲の気をそらせます。言葉以外にも人知れず細かな気が配られている「毒舌」。そこを突けば毒舌家からの評価はグッと上がるでしょう。

見た目でわかる！ 毒舌家の生態

- 攻撃には強いが、ほめられるのに弱い
- 笑顔でも目の奥が笑っていない
- 深夜テレビマニア
- 1人でも生きていける

　毒舌家にとって一番の敵は、吐いた毒に対しく「それはお前も同じだろ！」「お前はどうなんだよ！」と返されること。ゆえに彼らは、人よりも強い客観的な自分を持っている場合が多いものです。

　客観的に自分を見られるということは「常に冷静でいられる」「慎重」といった側面があるものの、逆に気の許せる仲間でなければハメを外した行動やバカ騒ぎができないといった部分もあります。そこで、一度毒舌家を遊園地に誘ってみてください、もしなんの躊躇もなくOKをもらえたら、あなたは仲間と認められている証拠と言えるでしょう。

mission 3-8
正しい毒舌家のほめ方

お前の毒舌って愛があるんだよね！

ポイント | ONE POINT ADVICE |

フォローといっても、取り繕うような感じは絶対に出さないように。落ち着いた感じが出ればgood！ 前に「とか言ってるけど」をつける感じで言いましょう。

同ロジックのほめ言葉

「こんなこと言ってくれる人、ほかにいないよね！」
「○○の毒舌に怒るほうが悪い！」

このフレーズの目的は、毒舌によって空気を悪くしない、毒舌家が悪者にならない、言われたほうに救いの手を差し伸べる、です。毒舌家だけをほめているようで、すべてを丸く治めるのが、このほめ言葉なのです。もし、この言葉の印象がまだ残っている間に、あなたに毒舌が飛んできた場合は、「おまえの毒舌には悪意しかない！」と返してください。「さっきと言ってること真逆じゃん！」と、ひと笑い起きるでしょう。

WARNING! 1 毒舌を期待しすぎない

毒舌家が口を開くとどうしても「どんな毒舌を吐いてくれるんだろう!?」と期待してしまいます。しかし、そんな毎回的確でおもしろい毒舌を出せるわけがありません。あまり期待しすぎると、そこは天邪鬼な毒舌家、いっさい毒を吐かなくなってしまう可能性もあります。気をつけましょう。

WARNING! 2 便乗家は嫌われる

毒舌が的を射ていればつい便乗してしまいがちですが、毒舌家が言うから笑って許されていることを忘れてはいけません。許されているのは、言葉ではなくキャラなのです。あなたに少しでも落ち度があると「おまえは言うな!」となりますし、やがては「便乗クソ野郎」という汚名を背負うハメになります。

WARNING! 3 毒舌はその場限りで終わらせる

毒舌が許されるのは、その人だからというのも大きいですが、その場の空気感もかなり重要。後日その場にいなかった人に軽い気持ちで「言葉」のみ伝えてしまうと、後でもめごとの火種になる危険があります。毒舌家本人がいればまた別ですが、毒舌は他に広がらないようにするのが基本です。

one more あるいは、こんなアプローチ

毒舌家をほめるのに使えるのはギャップです。ギャルが玄関で靴を揃えただけで、好感度が一気に上がるといいますが、それと同じです。毒舌家の場合は、ダークでヒールなイメージの対極にある「かわいさ」。彼らが、照れる、恥ずかしがる姿は普段とのギャップにより、かなりかわいらしく見えるものです。「絵」「ゲーム」「スポーツ」など、ジャンル別にさらっていけば、まったくできないものが必ず見つかるはずです。

etc... その他、おぼえておきたいフレーズ集

それを言える度胸はどこからくるの!?

○○に言われたら絶対言い返せないもん

文句を言うわりにちゃんと見てるね〜

MISSI

逆にほめづらい人
のほめ方

ON 4

イケメン、巨乳、オシャレ番長etc.……ほめられ慣れている人たちは、謙遜したり「ありがとう」と返す以外のリアクションをしたがっています。変化球のほめ方、ご用意しました。

MISSION 4-1

イケメン
############## の正しいほめ方 ##############

イケメンを知る

「**イ**ケメン」というワード自体がすでにほめ言葉になっているので、中の中あたりまでなら「イケメンだよね！」だけでかなり刺さります。しかし、上〜特上クラスの場合は言われ慣れている分、印象には残りにくいでしょう。しかし、上〜特上のイケメンともなれば容姿は当然、しぐさや性格、趣味などあらゆるところはすでにほめ散らかされている可能性も高い。なぜなら、かっこいい人は何をしてもかっこいいからです。ほめ放題なゆえに、ほめのポイントが絞れないのが難しいところです。

そんなイケメンには、相応のほめテクニックを繰り出す必要があります。ここでは比較的容易に使えるテクニックをご紹介しましょう。その名も「例えぼめ」です。

これはその名の通り、例えることでより具体的にかっこよさのスケールを出すテクニックです。例えに使うのは、男性がかっこいいと思っている物ならなんでも構いません。

例えば、猛獣。「動物で言うならライオンって感じだよね」。百獣の王と言われてイヤな気になる男性はいません。例えば、漫画。男女問わず人気のある漫画で、これ以上ない鉄板は『スラムダンク』でしょう。スラムダンクの登場人物なら誰に例えられても嬉しいはずです。

実在の俳優やタレントになると、似ている似ていない判断になってくるので、あくまでイメージで例えることを意識しましょう。そうすることによって、例える幅はいくらでも増やせますし、なんと言っても笑いも取れるのがいいところです。

「ギターメーカーでいうとギブソンだよね」「家電メーカーでいうとダイソンだね」などであれば、「例えがおかしいでしょ!?」というツッコミが必ずもらえるので、ほめながら、「例えがおもしろいコ」というイメージも植えつけられます。

「それほめてるの?」と言われたら、「私の中では1位だよ」と押さえ直しましょう。この手法は男性、女性にかかわらず使えて便利なので、ぜひ覚えておいてください。

非 常にもったいないことに、顔はかっこいいけど反比例するかのように、中身がすごくかっこ悪い人たちっていますよね。彼らをそうさせてしまった大きな理由の1つが、中途半端に「モテる」ことにあるのは間違いありません(あとは周囲や家庭環境など)。健康優良イケメンを育てるのは、女性の手にかかっていると言っても過言ではありません。若いうちは、ほめすぎ注意です。

mission 4-1
正しいイケメンのほめ方

男からも人気のある
タイプだよね！

ポイント | ONE POINT ADVICE

周りが外見ばかりをほめている時に放り込むと効果的。人気のある理由は、「漢気」「優しさ」「おもしろさ」あたりがベタで使いやすいでしょう。

同ロジックのほめ言葉

「(男) 友達からは
いい評判しか聞かないよ」
など

あなたが男性の場合は「お前だったら抱かれてもいいわ、あと福山も」が同じニュアンスでしょう。女性に人気があるのも、もちろん嬉しいですが、男が男をほめる場合は、容姿よりも中身重視なところがあるため、より嬉しいものです。「同性人気の高さ＝人柄のよさ」は男女共通なので、美人にも同じ方法が使えます。「お前のことわかってる感」の演出にも最適。この方法をうまく使いこなせば、あなたへの信頼感も高まるはずです。

WARNING! 1 初対面、5分では使えない！

まだお互いをほとんど知らない状態で内面をほめると、お世辞にしか聞こえません。言葉により説得力をつけるためにも、少し仲よくなってから使いましょう。それまでの会話で内面を探ることを心がけてください。

WARNING! 2 気持ちはフラットに

対象がイケメンだけあって女性が突っ込んだほめ方をすると本人はもちろん、周囲にも狙ってると思われてしまいます。目を輝かさずにフラットな気持ちで言いましょう。対象者と逆の人をタイプだと言っておくのも手です。

WARNING! 3 非イケメンへのフォローも忘れずに

イケメンをほめる時に置き去りにされるのは非イケメンたち。その上、あなたが内面をほめようものなら、勝てる術は収入くらいしかありません。イケメンをほめる時は同時に周囲にも気配りすることが大切です。

 あるいは、こんなアプローチ

「イケメンだよね」と直接言うのが照れくさい、タイミングがわからない人も少なくないと思います。そんな人は、イケメンのあえてダメな部分を探して指摘します。例えば、食べ方が汚い場合、「イケメンなのにもったいないよ」とダメな部分のフォローに使うと比較的さらっと言えます。このフレーズはもちろん、ダメ出しの後につけること。「イケメンなのに食べ方が汚いね」では、マイナスの印象が強く出てしまいます。

etc... その他、おぼえておきたいフレーズ集

イケメンすぎて逆にイラッとする！

女装したらめっちゃ美人になりそう！

兄弟も絶対イケメンでしょ!?

MISSION 4-2

美人
の正しいほめ方

美人を知る

あなたは美人にどんな印象を持っているでしょうか？「ちやほやされているから性格が悪い」「いや、顔同様、性格もいい！」「モテるだろうから彼氏は常にいる」「いや、逆にハードルが高いと思われて、男が敬遠するから意外といない！」など、美人に関する論争はいつの時代も尽きません。実際はどうなんでしょう？ 顔立ちがどうであれ人間なのですから、美人と一口に言ってもさまざまです。答えなど見つかるはずがありません。

ただ1点、美人の性格に大きな影響を与えていると思われる要素があります。それは、「生まれてからずっと美人」なのか「中学、高校に入ったあたりから美人になった」のかどうか。成長するにつれて顔立ちが変わっていくのは当然です。それは、美人も同じこと。

美人に性格が悪いというイメージがある人は、おそらく後者ver.にあたってしまったのでしょう。後者ver.（以降、Bタイプとします）は、物心つい

てからの美人発現なので、美人でいることがどれだけ人生を豊かにするか、どれだけ強い武器になるかをわかっています。ですから、当然これを武器に使ってくるのです。

対して前者ver.（以降、Aタイプとします）は、美人……だから何？ といったタイプ。生まれてからずっと武器を持ち続けているため、武器を持っていない状態がわからないのです。だから、天真爛漫。つまり、「美人は性格がよい」というイメージがある人は、幸運にもこのタイプAに出会えたのでしょう。ちなみに、AタイプとBタイプの見分け方は簡単。ざっくり言うとAタイプはナチュラルメイクの人が多く、Bタイプはばっちりメイクが多いようです。Bタイプのほうが圧倒的に美の重要さをわかっていることを思い返せば、当然ですね。

もちろん、ほめ方も分けなければいけません。基本的にAタイプは美人を自覚してはいても、その具体的なメ

見た目でわかる！ 美人の生態

- 部屋が汚いなど、見られていないところではかなりぐうたら
- 恋愛が下手くそ（男を見る目がない）
- 同性からも人気がある
- そこらの男よりも男らしい

リットをわかっていないため、容姿をほめてもそんなに響いてはいないことが多いようです。ですから、性格ほめをメインに考えましょう。逆に、美人の特権を理解しているBタイプは、見た目をメインにするとよいでしょう。

生態もAタイプとBタイプによって違います。上記は、ほぼAタイプのものです。

Bタイプの生態は逆で、部屋はいつ誰が来てもいいように、いつもキレイ。恋愛は経験値も左右するので一概には言えませんが、Aタイプに比べれば上手でしょう。猫をかぶる人も多いので、残念ながら同性からの人気はあまり高いとは言えません。

MISSION 4-2

正しい美人のほめ方

性格のよさが顔に出てるね

ポイント | ONE POINT ADVICE

性格のことなので、何か優しさだったり純粋さが感じられる一言が出たあとに。さらっと言えるとgood！

同ロジックのほめ言葉

「優しさが顔からにじみ出てる！」
「すっごく上品な美人だよね！」

ビ ジュアル同様、性格をほめられてイヤがる人はいません。先にAタイプは美人の具体的なプラスをイマイチわかっていないと書きましたが、これだと、彼女が「よい性格」＝「純粋」と考えていれば「純粋さが出ている顔」、「優しい」と考えているなら「優しい顔立ち」なんだと具体的に理解できるはず。確実に刺さることでしょう。もしも彼女がBタイプだったとしても、性格も容姿も同時にほめられているので、十分満足するはずです。

WARNING! 1 見た目をほめる時は周囲の女性に気をつけて！

イケメン同様、美人にもストレートに「キレイですね」とほめるのが王道ではありますが、もしあなたが男性の場合、見た目をほめてばかりいると、周囲の女性からのあなたに対するイメージ、ひいては男性全体の印象が悪くなってしまいます。ビジュアルに関する嫉妬は男性の比ではない、ということを理解しておきましょう。

WARNING! 2 実は定番「絶対モテるでしょ!?」はNG

これはAタイプの場合なのですが、「モテる」＝「恋愛経験が豊富」＝「男性経験豊富」と変換されるので、実はあまりよくは受け取ってもらえません。特にAタイプは1人の人と長く付き合う傾向があるので、よりこの偏見を嫌うようです。

WARNING! 3 ほめる時はとにかく下心はゼロにする

美人なので、下心を持って寄ってくる男もたくさんいます。もちろん、あなたが男性ならば1ミリも持ってないわけはないでしょう。これまでの経験から手放しでほめる男性に警戒心を持っている美人も少なくありません。一度それを察知されると、全部のほめ言葉がもはや「下ネタ」にしか聞こえません。

👉 あるいは、こんなアプローチ

「笑い」を盛り込むのはどうでしょう。例えば、美人が何か失敗したり、天然ぶりを炸裂させた時、「マジでか!? もう……□○はほんとにかわいいだけなんだから。かわいくなかったら、終わってるよ?」など。軽い感じで言うのがポイントです。もしもう1人いるなら、「でも顔は?」という合いの手を入れてもらって「100点!」と言い切る。笑わせぼめです。このやりとりは定番化できるのもメリットです。

etc... その他、おぼえておきたいフレーズ集

男に生まれてても、絶対男前だったよね

1日でいいから変わってほしい

子供できたら絶対、子供もかわいいだろうな〜

mission 4-3

巨乳

////////////////// の正しいほめ方 //////////////////

巨乳を知る

「巨」乳」の最大のほめポイントは、どう考えても「巨乳」ですが、それをストレートにほめて許されるのは女性のみ。男性であれば、今のご時世、「特急セクハラ裁判行き」に乗車するのと同じです。かといって巨乳にまったく触れないのであれば、この項が存在する意味がありません。「巨乳」とテーマを掲げた以上、「巨乳」をいじらないわけにはいかないでしょう。このわずか数行でもおわかりの通り、「触れる」「いじる」など他の項では普通に使っていたはずなのに、「巨乳」がテーマになったとたん、一気に卑猥さを帯びてしまいます。

ここで考察したいのが、巨乳の女性は自らの巨乳をどう思っているのか、ということ。男性や貧乳の女性にとっては「武器」と単純に考えてしまいがちですが、意外と本人にとってはめんどくさいものだったりします。生活に特に役立つわけでもなく、無駄にじろじろ見られる、近づいてくる男性は体

目当ての人ばかり（勘違いの場合も多いですが……）、走ると邪魔、将来的に垂れる、肩が凝るなど、タレントでなければマイナスなことのほうが多いのが現実です。最近では、巨乳を抑える下着まで販売されているそうですから、巨乳をコンプレックスに思っている人は少なくないようです。

セオリー通りにいくと「つらい人にはそのつらさに共感してあげる」ことが、ほめ言葉への近道です。「でも逆にめんどくさいことのほうが多そうだよね」と、つらさをわかってあげる一言をかけてあげるだけでも、好印象でしょう。これは、巨乳にコンプレックスを持っている人だけでなく、「武器」にしている人にも使えるので、「巨乳あるある」はいくつか持っておくと便利です。ただし、男性はあまりにも具体的なあるあるは避けてください。例えば「下乳に汗がたまるから、汗疹ができやすいんだよね！」「カバンの斜めがけがしにくいよね！」などの言葉

男性の視線には敏感

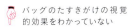 バッグのたすきがけの視覚的効果をわかっていない

見た目でわかる！ 巨乳の生態

男は結局おっぱいと思っている

安心感がある

がスラスラ出てくると、「こいつ普段、おっぱいのことばっか考えてんじゃねーか」と思われる恐れがあります。気をつけましょう。

独 断と偏見、怒られる覚悟ではっきり言いますが、服装などで明らかに巨乳を武器にしていると思われる人は、総じてブスや太っている人が多い。そこを武器にしないとモテないからですね。が、これは正しいことだと思います。そういった人は何事もポジティブに考えることができる人なので、巨乳をマイナスと思っている人はぜひ見習いましょう。

MISSION 4-3
正しい巨乳のほめ方

キミのおかげで巨乳のイメージが180度変わった!

ポイント | ONE POINT ADVICE

「巨乳のイメージが変わった」のあとに「いや、○○ちゃんがきっと特別なんだよ」と加えると、さらに効果アップ!

同ロジックのほめ言葉

「○○ちゃんみたいな上品な巨乳に初めて会った!」
「キミがもし貧乳でも全然OK!」

巨乳の人の最大の悩み、それが「巨乳」＝「バカ」という世間のイメージでしょう。それを利用しない手はありません。ここではフリが大切なので、あなたが持っている巨乳に対してのイメージを思う存分ぶつけたあと、この一言を放ちましょう。巨乳にぶっ刺さること間違いありません。ちなみに、女性は「巨乳」と呼ばれることをイヤがります。ここでは短く巨乳としていますが、丁寧に「おっぱいが大きい」と言うことをオススメします。

WARNING! 1 マイナス要素は笑わせるつもりで！

フリに使うマイナスイメージですが、これがリアルすぎて笑いになっていないとただの偏見持ちが悪口を言ってるだけになるので、その後のほめ言葉が「ほめ」ではなく言い訳に聞こえてしまいます。フリは「ドアノブも挟んで回すんでしょ？」ぐらいぶっ飛んでいたほうがいいでしょう。

WARNING! 2 可能性があるものは避ける

フリに使うワードは絶対にそのコに当てはまらないもので、卑猥にならないように、モロ下ネタでないものをチョイスしましょう。特に乳輪、形状など具体的な類いは避けましょう。

WARNING! 3 照れは厳禁！ 思い切る！

いやらしさを感じさせないためにも、絶対に恥ずかしがってはいけません。あなたが恥ずかしがっては、相手も恥ずかしくなってしまいます。下ネタ感を消すためにも明るく大げさに振る舞ったほうがいいでしょう。

one more あるいは、こんなアプローチ

巨乳コンプレックスの人も少なくないので、そう感じる人には胸だけをピックアップせず、スタイルをほめましょう。しかし、これでも巨乳の人は「それって胸のことでしょ？」となるので、「スタイルいいよね、腕もスラッとしてるし」と間髪を容れずに胸以外をほめると、いやらしさも感じさせません。腕、首、パンツスタイルであれば脚をほめるのもいいでしょう。相手のスタイルが悪い場合は「正しいデブのほめ方」を参考にしてください。

etc... その他、おぼえておきたいフレーズ集

肌がきれいだね

おっぱいが目立ちすぎて、他にいっぱいいいとこあるのにもったいないね

全体のバランスがいいよね

mission 4-4

オシャレ番長
の正しいほめ方

オシャレ番長を知る

さりげないオシャレさんは抜群の好感度ですが、こだわりすぎると正直、めんどくさいと感じる人も多いでしょう。彼らは、趣味もオシャレでなければいけないですし、考え方や行動もオシャレでなければいけません。

さらに最近では「オタク」もファッション化しているので、アニメや音楽、映画などのサブカル面の知識も豊富です。となると、いいところばかりなように聞こえますが、それをめんどくさいと思わせるのがオシャレ番長。やはり、すべてがファッションベースの人と付き合っていくのは無理があります。

「知らない」はオシャレじゃないので、彼らは自分の知っていることしか話しません。必然的に自分の話ばかりするハメになってしまい、知識を披露したいがあまりに専門用語を出しまくる。そういった人たちばかりが集まっている分には何の問題もないのですが、当然、彼らも働かなければいけないので、職場やバイト先で絡まくてはいけま

せんし、飲み会にもやってきます。基本的にオシャレなことが人としてのステータスと考えているので、常に「オシャレな俺(私)」感が出ており、それを上から目線に感じる人も多いはずです。しかし、これは価値観の違いなので、どうしようもありません。

では、そんなオシャレ番長たちをどうほめていけばいいのか。

単純にオシャレなところをほめてあげればいいと思いがちですが、普通の人がほめてもまったく効果はありません。「でしょ?」となるだけ。オシャレ番長に刺さるオシャレほめは、本人以上のオシャレ番長が言わないと意味がありません。

そこで、ほめるターゲットは「中身」に絞りましょう。「"知らない"話には参加しない」ことからもわかるように、彼らは「中身がない」と思われることを非常に恐れています。そこを突けばかなり効果のあるほめ方ができるでしょう。

見た目でわかる！ オシャレ番長の生態

- 自転車が小さい
- ファッションへの金銭感覚が崩壊している
- もはや性別がわからない
- 個性勝負の世界なので、負けん気が強い

彼らにとって、オシャレはプライドを懸けた勝負です。よりレアなもの、より最新作、より先取りファッションが合言葉です。注目されたい、認められたい心が強い人たちなので、プライドが高い人が多く、よく見ると素材は大したことないのが特徴。いえ、これは全然、悪い意味ではなく、逆にいい意味です。モテないからオシャレをしてモテようとするのは当たり前にして王道です。

よく、口の悪い人は「ブスのくせにオシャレ」とバカにしますが、「ブスだからこそオシャレ」だと思いましょう。ポジティブな視点は「ほめる」の基本です。

mission 4-4

正しいオシャレ番長のほめ方

(超絶オシャレなカフェで)

お前の部屋ってこんな感じっぽい!

ポイント | ONE POINT ADVICE

軽い感じかもしくは、少しバカにした感じでもOK。あまり真剣に言うと、実際とのギャップがあった場合、プレッシャーを与えてしまいます。

同ロジックのほめ言葉

「両親もオシャレそう!」
「今まで付き合ってきた恋人も絶対みんなオシャレでしょ!?」

「見えない部分すらも"オシャレ"と思われるのは、"オシャレ"のイメージがしっかりついている証拠」と、思わせましょう。

「全然違うよ」と謙遜しながらもかなり刺さるはずです。あとはお店のインテリアを単に「オシャレ」と言うだけで、自分が言われているように錯覚してくれます。タイミングは、入った瞬間。インテリアショップの家具を見て「お前の家にありそう！」なども同じ効果があります。

WARNING! 1 　一般的な感覚で見ない

オシャレバカと思われるほどの上級者たちが求めるのは、実は「オシャレ」以上に「個性」だったりします。つまり、人と違うところをアピールしているので、あなたが理解できなくて当然。ですから「オシャレ」かどうかではなく「個性的」かどうかで見てあげましょう。

WARNING! 2 　よかれと思ってオシャレ相談をしない

「オシャレ」＝「個性」と考えるような人たちにコーディネイトをお願いすると、さあ大変！ 収入の大半をオシャレにつぎ込む人たちですから、お小遣いで服を買うあなたとは価格設定が1桁違います。オシャレバカにとって、Tシャツ1枚1万円なんて当たり前の感覚です。頼む時はそれなりの覚悟をしておきましょう。

WARNING! 3 　ほめすぎ注意！

「知る」でも述べたように、オシャレバカのオシャレセンスを普通の人がほめても響きません。むしろアイテムなどを具体的にほめればほめるほど、「お前、ホントにわかってんの？」と反感や疑いを買いかねません。理解できないセンスには「オシャレ」よりも「個性的」を使いましょう。

 あるいは、こんなアプローチ

彼らのファッションセンスは、オシャレにそこまで興味のない人たちにとって、なかなか理解しがたいもの。しかし、その考え方はファッション以外に使うと意外に効果的な場合があります。例えば彼らのモットーの1つ、「逆に」「あえて」は、独自のアイデアを生みたい時に欠かせない考え方です。ファッションのことは相談しないほうがいいと述べましたが、企画の相談なんかすると思わぬヒントが出るかもしれません。

 その他、おぼえておきたいフレーズ集

それって○○じゃないと絶対似合わないよね

俺（私）には絶対出てこないセンスだわ

友達もオシャレな人が多そう！

mission 4-5

料理上手

の正しいほめ方

料理上手を知る

女性はもちろんのこと、最近では男性でも料理上手はかなりのモテ要素です。それは料理上手の裏には、さまざまなプラス要素が含まれているからでしょう。手先が器用、片付け＆整理上手でキレイ好き。発想力に応用力、盛りつけの美的センス、食べて喜んでもらうのが最上の幸せという奉仕の精神……と、挙げたらキリがありません。これらを1つずつ拾うだけでもほめ言葉に困らないという、ほめる側にまでメリットがある、まさにパーフェクトな人たちです。

もちろん、料理上手をほめる＝料理をほめるのが手っ取り早いのですが、ここではそれ以外で料理上手をほめる方法を探っていきましょう。

料理上手はその手際も見事なものです。完成までを見ているだけでも十分楽しませてくれます。ですからテーブルで指をくわえて待っているよりも、キッチンで何かしら手伝うようにしましょう。そこには先述したように、ほめるポイントがたくさんあるはずです。見逃さないように、かつ邪魔にならないように、ほめ言葉をぶっ込んでいきましょう。

気持ちよくなってもらえれば、さらに「腕をふるってやろう」という気にもなってくれるので、お互いにメリットが生まれます。

料理が出来上がるまでの過程を見ているのと見ていないのとでは、全然違います。答えをいきなり知るよりも、なぜその答えになったのかを知ることで、ほめ言葉のバリエーションや重みも違ってくるというもの。料理上手を心からほめるには、ぜひキッチンから立ち会いましょう。

ちなみに、昔から言われている「料理上手は床上手」は本当だと考えられます。なぜなら、料理とセックスにはわかりやすい共通点があるからです。それは「相手への気づかい」です。料理上手は必ず、食べてもらう人の好き嫌いや、その時に何が食べたいかと考

お店では「おいしい！」より、まず最初に「なるほどね…」が出る

 SNSやツイッターではなく、ブログ率のほうが高い

見た目でわかる！ 料理上手の生態

隠れ家的なおいしいお店をたくさん知っている

食べ物を残さず粗末にしない

えています。

料理上手も床上手も判定するのは自分自身ではありません。相手です。相手に喜んでもらいたいという気持ち、そして、そのためにはどうしたらいいのかを考えられる人なのです。

料理上手の方々は基本的に1人でなんでもできてしまうので、結婚した時のために料理を勉強している人以外は、婚期が遅くなってしまう傾向にあります。いわく「結婚するメリットが見いだせない」、と。これに「1人旅好き」が重なったら、ますます結婚できないでしょう。

mission 4-5
正しい料理上手のほめ方

ここ住んで
いいですか!?

ポイント | ONE POINT ADVICE

じっくり味わってから、感慨深げにお願いするように言いましょう。この時、他の人とかぶらないよう、全員が感想を言い終わるのを待ちましょう。

同ロジックのほめ言葉

「これ、思い出すだけでも
ごはん3杯いけますよ」
など

料 理をほめるには、やはり「おいしい！」が一番なのですが、オリジナリティで他人と差をつけたいところ。「おいしい！」は他の人にまかせて、その先を考えてみましょう。「おいしすぎて○○！」。この○○の部分です。

例えば「（おいしすぎるから）お店出してくださいよ！」「（おいしすぎるから）残して実家に送ってあげていいですか!?」など、大げさに表現するとよいでしょう。言われた相手は謙遜しつつも、満面の笑みを返してくれるはずです。

WARNING! 1　料理は冷めないうちに

料理上手に一番思わせてはいけないのが「つくりがいがない」。ですから、どんな用事があっても一旦手を置いて、彼らが一番ベストだと思う味、出来たてをいただきましょう。いくらよいほめ言葉を言っても、態度が伴っていなければまったく意味がありません。

WARNING! 2　苦手な料理でも一度は必ず箸をつける

苦手な料理が出てくることもあると思います。しかし、彼らがおいしいと薦める料理は礼儀として一口だけでも食べること。これで苦手だった料理や食材のイメージが覆ることも珍しくありません。料理上手が薦めるからには、必ず理由があるはず。食わず嫌いは NG です。

WARNING! 3　思い出し絶品料理トークは NG ！

思い出し絶品料理トークとは、例えばカレーをつくってもらった時、「あぁおいしい。あ、そういえばこの前、△×にあるカレー屋に行ったんだけど、そこもめっちゃおいしかったんだよ。カレーのイメージが覆されたなぁ」というもの。たとえ悪気がなくても、決していい気がするものではありません。

one more 　あるいは、こんなアプローチ

　料理を言葉でほめるには、それなりの経験値とワードセンスが必要です。そこでここでは、気持ちの作り方でほめるテクニックをご紹介します。
①見た目……料理が目の前に出されたら、子供の頃、すごく欲しかったオモチャをはじめて開く気持ちを思い出しましょう。②味……一口食べたら、笑いましょう。ありきたりな言葉よりも笑顔が大切です。③ごちそうさま……よりも、大きなため息と同時に「あぁ幸せ〜」で締める。

etc... 　その他、おぼえておきたいフレーズ集

地球最後の日に
食うならこれだな

あぁ食べ終わるのが
もったいない

会社で弁当として
売り出しましょうよ

MISSION 4-6

キャリアウーマン
の正しいほめ方

キャリアウーマンを知る

スタイルもよく美人なのにもかかわらず、女としての幸せを捨て、熱心に仕事に打ち込むキャリアウーマン。その姿は、同じ女性ならずとも若手社員にとって憧れの存在です。無駄口を叩かず、的確に仕事を処理し、一見冷たそうに見えて部下思い。さらにプラベートが謎なところも、より彼女を魅力的に見せます。

実際にこんなドラマのようなキャリアウーマンがいるかどうかはわかりませんが、もしいたとすれば、ほめるのはかなり難しいでしょう。いくらほめ上手でも、仕事でポンコツならただの太鼓持ちと思われるだけ。彼女たちを気持ちよくさせるには、期待に応えるのが先決でしょう。しかし、世の中には尊敬されるキャリアウーマンもいれば、嫌われるキャリアウーマンも存在します。憧れられるキャリアウーマンが「女としての幸せ」を自ら捨てているのに対し、こちらは「捨てざるを得ない」人たち。「仕事ができない」「責任を部下に押しつける」「ブス」「できるアピール」「プライドが高い」などの特徴が挙げられます。こちらは簡単に攻略できます。

上から目線で語り好き、めんどくさいだけでほめるところがなかなか見つからない彼女たちですが、将来的にはお局様になるタイプでもあります。「できる女」アピールをする彼女たちですから、比較的ほめるのは簡単。例えばこんなフレーズはいかがでしょう。「なんだかんだ言って最終的に辿り着く答えって、○○さんが最初に言ってたことになるのが多いんですよね」

これは、キャリウーマンだけに限らず、めんどくさい上司や先輩全般に使えるほめ言葉です。簡単に言えば「○○さんの言うことはいつも正しい」ということなのですが、これだとヨイショがすぎます。このほめ言葉のポイントは「なんだかんだ言って」。これには「なかなかすぐには気づかないけれど」という意味が含まれているの

で、○○さんの言葉には「深み」がある、と言っているのと同じになります。さらに「僕はそこに気づいたんです！」というさりげない自己アピールにつなげることもできます。単純なほめ言葉しか思い浮かばないときは、ぜひ、前に「なんだかんだ言って」をつけてみてください。

嫌われるキャリアウーマンが仕事に打ち込むしかないのは、ずばり「プライベートが腐っている」から。つまり根っからの仕事好きではありません。ですから、飲みに誘う、遊びに誘うなど、エネルギーのはけ口を仕事以外に作ってあげれば、めんどくささは少しずつ減っていくはずです。

mission 4-6
正しいキャリアウーマンのほめ方

職場以外で会ったら ギャップで惚れちゃいそう!

ポイント | ONE POINT ADVICE |
意外な一面が見えた時に入れましょう。すごく女の子っぽい趣味だったり、しぐさだったり。「へ〜!」と少し驚いた感じが good !

同ロジックのほめ言葉
「たまにドキッとするしぐさをする時があるんですよね」
など

これは「あなたを女性として見ていますよ」という意味です。あなたが女性であれば「私が男だったら」をつければよいでしょう。仕事一筋！と決めてはいても、やはり女性。女として魅力があると言われて嬉しくない人はいません。だからこそ「女」の部分をほめるのが効果的。もちろんあなたは「恋愛対象」とは見ていないので、「職場以外で〜しまいそう」をつけることで、「今は何とも思っていません」感を出すことを忘れずに。

WARNING! 1 恋愛トークは控えめに

「仕事」にもっとも影響を与えるプライベートは恋愛。仕事のために「恋愛」は一旦お休み中の彼女たちの前では「プライベート」と「仕事」はきっちり分けておきましょう。結婚適齢期を過ぎた人であればなおさらです。

WARNING! 2 プライベートはほじくらない

プライベートの姿がなかなか見えてこない場合は、隠していると思っていいでしょう。部屋が汚い、家庭環境が複雑など、理由はそれぞれですが、マイナスな部分である可能性が非常に高いので、興味があってもデリカシーを持って接しましょう。

WARNING! 3 同期をほめない

「仕事が生き甲斐」なので、当然ライバルたちの評価には敏感な彼女たち。負けん気が強い人が多いので、彼女たちの同期（男女どちらも）を目の前でほめるのは控えましょう。できれば名前すら出さないほうがいいかも。

one more あるいは、こんなアプローチ

　キャリアウーマンに認められるもっとも簡単な方法は、期待以上の結果を出すことです。ならば、仕事以外でできることをアピールするのが上策。例えばスポーツに詳しい、料理が上手、美容に詳しいなど、その人にとってまったく未知のジャンルがよいでしょう。要は認められる部分を1つだけでも持つということ。とはいえ、少しでも日常生活で役に立つものでなければいけません。ハイパーヨーヨーにめちゃくちゃ詳しくても意味がないのです。

etc... その他、おぼえておきたいフレーズ集

スーツ姿がめちゃくちゃ
似合いますよね

独立しても
絶対やっていけますよ

○○さんの言葉って
けっこう名言多いんですよね

MISSI

まあまあ浮いている人
のほめ方

ON 5

下ネタ大王、童貞、ネガティブさん etc.……独特すぎる価値観で周囲から浮いている人たちにも、愛を！ もはや、ほめフレーズに不可能はありません。たぶん。

MISSION 5-1

下ネタ大王

の正しいほめ方

下ネタ大王を知る

顔をテッカテカにテカらせて、あらゆる例えをシモに置き換えて周囲の女子をどん引きさせる下ネタ大王。今は「セクハラ訴訟」を恐れてほぼ絶滅しかたのように言われていますが、それは大企業くらいでしょう。中小企業や街の酒場などでは、まだまだ現役バリバリで活動中です。下ネタと言えば中年のおっさんのイメージが強いですが、若い人にもけっこういます。おっさんの下ネタはギラギラ感がありますが、ほんのりユーモアが漂って（笑えるかは別にして）いて、逆に若手は直接的すぎる傾向にあるようです。もっと具体的に言えば、おっさんの場合は経験がある分、リアリティがあって気持ちが悪い。若手の場合は経験の浅さから信憑性がなく、ガサツで乱暴。俺、こんなことを堂々と言えちゃうんだぜ！ というがんばってる感が、やや痛いというイメージです。

もちろん女性にも下ネタ大王、いや、下ネタ女王はいます。女子会に出てくる下ネタは、男性のそれと比較にならなくらい、どぎついものです。どれくらいか知りたい男性は、とりあえず海外ドラマ『ゴシップガール』で勉強するとよいでしょう。

ともあれ、そんな下ネタ大好きっ子たちをほめるには、彼らの目的を知ることが重要です。中でも大きいと思われるのが、以下の２つです。

●その１「笑わせたい」

女性の中には「下ネタでも、おもしろかったらOK」という人もいます。けれども女性と男性ではおもしろいと思う基準が違うので、芸人でもない以上、一般社会でバランスの取れたおもしろ下ネタを言える人なんて、残念ながらほとんどいません。笑えない場合は、箸が転んでも笑えるくらいに酒をあおるしかありません。

●その２「照れるリアクションが見たい」

おっさんに多いのが、こちら。小中学生ならかわい気もありますが、ことテッカテカのおっさんになると、気持

見た目でわかる！ 下ネタ大王の生態

- 直接的すぎる
- 顔がテカっている
- ブランド好き
- 自信過剰

ち悪い以外の何ものでもありません。そうは言っても、恥ずかしそうに「もう！ やめてくださいよ～」とカマトトぶって小走りで逃げるのがよいでしょう。どちらにしても、求められているのはリアクションですが、その正解を見誤ると相手も戸惑ってしまいます。適切な見極めを心がけましょう。

年 齢を問わず、元気で明るい人が多いのが特徴。コミュニケーションを取るのも上手なので、下ネタさえなければ、人としての魅力はそこそこ高い人が多ようです。ムッツリではないので、思っているより変態は少なめ。ただ、その少数の変態は本物の変態です。よくも悪くも要注意です。

mission 5-1

正しい下ネタ大王のほめ方

△×さんの下ネタって、実はいろいろ勉強になるんですよね！

ポイント | ONE POINT ADVICE

オープンに言うと「求めている」と思われてしまうので、前に「基本イヤですけど、くやしいながら」をつける感じで出せればgood！

同ロジックのほめ言葉

「〇〇さんの下ネタで余計なこといっぱい覚えちゃいましたよ！」
など

異性の性への本音は知りたいけれど、なかなか聞けない事柄でもあります。好きか嫌いかは別として、大人なら知っておいて損はないはず。人の性への探究心は底知らずです。彼らの下ネタによって、あなたが知らなかった世界が広がるかもしれません。ちなみに、異性にこれを言うと「じゃあ今度2人っきりで勉強会しようか？」とかぶせてくる可能性が高いので、食い気味で「けっこうです！」と言える準備をしておきましょう。

WARNING! 1 女性は「爆笑」「便乗」をほどほどに！

あなたが女性だった場合、飲み会で彼らが下ネタをぶっ込んでくるのには、あるリサーチ目的があります。それは男の定番都市伝説「下ネタOKの女はお持ち帰りもOK」。ですから、リミッターを外しての便乗、爆笑は、ほどほどにしておかないと大変な目に遭います。

WARNING! 2 男性も「爆笑」「便乗」をほどほどに！

上と同シチュエーションで、あなたが男性の場合、仲間であるあなたが引いてしまっては、女性はさらに引いてしまいます。フォローの意味でも笑いと便乗は大切ですが、過剰になると、女の子は放置で男だけが盛り上がる最悪のパターンになってしまいます。中間より少し、男性寄りの立ち位置がよいでしょう。

WARNING! 3 イヤな場合ははっきりと言う

下ネタは、悪気のないコミュニケーション。恥ずかしい反応を見たいという場合でも、ストレスになるほど深刻なものだとは思っていません。「本気で苦手なんです！」とはっきり伝えるのはお互いのため。言われたほうも「つまんねーヤツ」だなんて思いません。むしろ「あ、ごめん……」と反省するはずです。

あるいは、こんなアプローチ

下ネタには、その人の性的嗜好はもちろん、普段の性格がおもしろいほど出ているものです。例えば露骨すぎる下ネタを言う人は、フットワークが軽く行動的で、考え方やノリが体育会系。逆にユーモアのある例えをする人は知的で少し神経質。言わなければ奥手で人見知りタイプ、など。下ネタをその場だけのものと単に聞き流すのではなく、そこから垣間見える性格を分析して、傾向と対策を練りましょう。

その他、おぼえておきたいフレーズ集

×○さんの下ネタって下品さがないんですよね！

語録をまとめて本出しましょうよ！

下ネタさえなければな〜

mission 5-2

老けすぎている人
の正しいほめ方

老けすぎている人を知る

完全に年上だと思って下から敬語で接していたら、実は年下だったというのは、派遣やバイトあるあるの定番。この時よく「なんだ〜！絶対年上だと思ってた‼」と言ってしまう人がいますが、これはなるべく言わないほうがいいでしょう。「老けてるね！」と言ってるようなものです。特に女性にとっては鈍器で後頭部を殴られたに等しい衝撃です。

できればまずは親しそうに話している人や先輩などから相手の年齢を下調べしておき、しばらく敬語で話すのがベスト。相手から「年下なんで敬語はやめてください」と言ってくるのを待つのが大人としてスマートでしょう。

また、女性に年齢を聞くのは失礼とよく言いますが、実はそこには鉄板のほめチャンスが隠れています。相手が何歳であっても「え！ もっと若く見えますね」と返すだけで、あなたの印象はグッと上がります。

ともあれ、老ける／老けないは、学生など成長期は別にして精神面が大きく影響していると言われています。気持ちがすでにおっさん＆おばさんであれば当然、それは言動やファッションセンスにも表れてきます。

そんな人たちには「老けている」ことを「大人」に置き換えてみましょう。例えば「落ち着いている」「渋い」「説得力」など。考え方や服装だけでなく、趣味や言葉などにも使えますから「大人」のいいイメージをいくつも持っていると使い勝手がいいでしょう。

そして、人は誰でも若く見られたいもの。年齢より老けているとはいえ、細かく見ていけば若い部分は必ずあります。

例えばタイプの芸能人が若ければ、「（気持ちが）若いですね〜！」とリアクションが取りやすいですし、熟女だった場合は先ほどの「渋いですね〜」が使えます。よく聴く音楽や観ているテレビ番組でも使えるでしょう。

と、ここまでで気づいた方もいるか

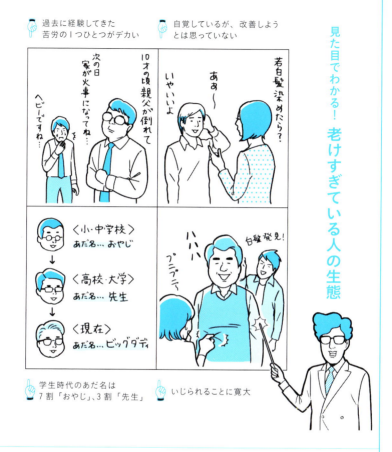

見た目でわかる！ 老けすぎている人の生態

- 過去に経験してきた苦労の1つひとつがデカい
- 自覚しているが、改善しようとは思っていない
- 学生時代のあだ名は7割「おやじ」、3割「先生」
- いじられることに寛大

もしれませんが、これは「年齢より老けている」人だけではなく、単に年上の相手にもそのまま使えます。ぜひお試しください。

彼らのかわいそうなところは、ただ老けているだけで「できる」と思われてしまうことでしょう。先ほど「老け」を「貫禄」「落ち着いて見える」などプラス面で紹介しましたが、仕事では逆にそれがハードルを上げてしまう場合があります。これは勝手なイメージなので、彼らは何も悪くありません。

プレッシャーを与えない、がっかりしないためにも、彼らを見た目だけで判断するのはやめてあげましょう。

MISSION 5-2

正しい老けすぎている人のほめ方

年相応になったら絶対モテそう！

ポイント | ONE POINT ADVICE

楽しみは後にとっておいたほうが絶対いい！と考えて、羨ましさを全開にして言いましょう（モテる保証はどこにもありませんが……）。

同ロジックのほめ言葉

「若い人には○○の魅力はまだわからないよね」
「年上好きにモテそう！」

見た目年齢は「モテ」に直結するもの。世間ではおっさん、おばさんと呼ばれる年齢でも、「そう見えなかったら別にいい」と言う人も、なかなかどうして、かなりいます。

そうなると、年齢より老けているなんて真逆も真逆。圧倒的不利。そんな人たちに希望を抱かせるのがこの一言。暗に「老けているだけでその他は問題なし！」という意味にも取れるので、恋愛に関してはネガティブな彼らにきっと刺さるはずです。

WARNING! 1　あえて触れる

「見た目の若さ」が話題になった場合、逆の「老けている人」にはあまり触れないようにしがち。気をつかわれる、お世辞を言われるのもつらいですが、スルーはもっとつらいもの。あえて触れましょう。その時は「でも、○○さんみたいに大人の魅力も大事だよね」でOK。

WARNING! 2　あえて触れない

「大人っぽく見える」がほめ言葉で使えるのがギリ30代前半まで。それ以上になると大人で当たり前なので、いわゆるアラフォー以上の人たち、特に女性にはあえて触れない、もしくは「熟女の魅力」方向でほめましょう。

WARNING! 3　若いポイントもほめてあげる

「落ち着いている」「大人の魅力」の部分を立てたあとに、逆の部分、若いところを見つければ、ほめどころの鉄板であるギャップが自然と生まれます。これをまとめて「大人な感じなのに、そういう若いところもきっちり押さえてるっていう、ギャップがいいですね」と少し丁寧に押さえ直せば完璧です。

あるいは、こんなアプローチ

もし相手の年齢を聞いて「年上に見えた」と言ってしまった場合は、「あ、いい意味でですよ」と加えましょう。さらに逆の「若く見える人」のデメリットと比較します。「若く見られるより絶対いいです。年上好きの男（女）はいっぱいいますし、見た目が若いとガキっぽく思われるんですよね」と。他にも、「バカそう」「遊んでそう」「苦労してなさそう」など、若く見られることのデメリットを並べることでプラス面はたくさん出てくるはずです。

etc... その他、おぼえておきたいフレーズ集

変に若づくりしないところがかっこいい

いいお父さんになりそう

年上好きにモテそう

mission 5-3

若づくり

の正しいほめ方

若づくりを知る

いつまでも若さをキープすることは大切なことです。見た目や感性に老いを感じさせない先輩や上司は憧れの的です。印象としては、クリエイティブな仕事をしている人に特に多いようです。しかし、中には同じようにいつまでも若い服装で、最新の情報にアンテナを張り巡らせ、若者たちの文化にも寛容でありながら、そこに気持ち悪さを感じさせる人もいます。前者と後者の違いは何なのか。それはひとえに不自然さでしょう。後者は無理している感、必死感がひしひしと伝わってくるのです。つまり、やりすぎている。

気持ち悪さの上、うさん臭さを感じさせる人（フルネームを誰も知らない、収入源がわからない、何かとビジネスの話をする）には気をつけなければいけませんが、素性がはっきりしている人たち（会社の上司や、職業がはっきりしている人）は、若づくりがすぎるだけで、他人に迷惑をかけてい

るわけではないので（生理的な嫌悪感は人それぞれとして）、別に放っておいても何の問題もないのですが、一応、年上ですし上司だった場合は人間関係を円滑にするためにも立ててあげなければいけません。

そもそも、無理してでも若づくりをするのには何かしら彼らにメリットがあるはず。そこからほめるヒントを探ってみると、まず「楽ちん」というのがあります。

年下、後輩が相手となれば、気分によって場を仕切ることもできれば、傍観することもできますし、何より気をつかわなくてもいい。そして常にいじる側にいられる。何より怒られない。意見が通りやすい。最新の情報を生の声で聞ける。デメリットと言えば、後輩や若い人たちといくら仲よくなっても出世にはつながらないといった点でしょうか。これは本人が気にしなければデメリットにはなりません。同期や年上の上司との付き合いではこうはい

見た目でわかる！ 若づくりの生態

- 香水がキツイ
- 深夜になると一気に老ける
- 年上とはほぼ絡まない
- 歌声が甘い

きません。そう考えると「ちやほやされたい、中心にいたい願望が強い人」という人物像が浮かび上がってきます。なんとなくでもそれがわかれば、扱いは簡単ですね。思い切り持ち上げれば、ザックザク刺さるでしょう。

実 年齢を考えなければ、振る舞いや情報量は若者と同じ。もしくはそれ以上です。

結果、若者文化のリサーチャーとして見ればかなり優秀です。しかし、「若さ」を感覚ではなく情報収集でつくっているため、間違っていることも少なくありません。又聞き情報で恥をかかないためにも、情報元もきっちり教えてあげると喜びます。

MISSION 5-3
正しい若づくりのほめ方

◯◯さんは、僕の理想の歳のとり方です！

ポイント | ONE POINT ADVICE

情報だったり、ビジュアル面で若さを感じた時に「いやあ、それにしても〜」と感心と憧れ感を出しながら言うといいでしょう。

同ロジックのほめ言葉

「脳年齢、相当若そうですよね！」
「◯◯さんの年齢を一発で
当てられる人はいませんよ！」

若づくりしすぎの人がほめられて嬉しいポイントは当然、努力の結晶である「若さ」。単純に「若さ」をほめるのもいいですが、そこに「尊敬」や「憧れ」感を上乗せすると効果倍増です。

また、ほめフレーズの前に「前から言おうと思ってたんですけど……」とつけたり、うしろに「いつも思ってます!!」と加えるのも効果的です。「え!? そ、そうかな……!」と喜んでくれるに違いありません。

WARNING! 1　情報の追加や否定はタブー

彼らが「若さ」をアピールするメインエンジンはファッション、趣味を含めてすべてが「情報」。それを崩すということは、つまりメンツを潰すことになります。よっぽどでなければ知らないフリをしてあげましょう。

WARNING! 2　接し方はダブリの同級生感覚で

若者と仲よくしたいから気をつかわれるのもイヤ、だけど年上の部分は立ててもらいたい、と、少し扱いが難しい彼ら。その接し方は同学年だけど年齢は上のダブリのクラスメイト、友人の年の近い兄(姉)感覚がちょうどいいでしょう。

WARNING! 3　周囲へのフォローは忘れずに

誰が見ても違和感のある若づくりをほめると、ヨイショが苦手な人たちからは反感を買いかねません。しかし、「おだてるだけだよ」では性格の悪さをアピールしてしまうだけなので、できればみんなでほめる方向に持っていきましょう。

👉 あるいは、こんなアプローチ

初対面の人に紹介する時は、「年齢当てクイズ」をやってみましょう。解答者は「若づくりしているということは、若く見られたいんだな」と予想するので、実際はどうであれ思った以上に若めの年齢を言うはず。実年齢よりも若く見られることは彼らにとって至福の瞬間です。もし、解答者が空気を読まず上の年齢を答えた場合。その時は「え!? ウソでしょ? もっと若く見えない!?」と、少し大げさに驚いて、フォローしながらほめましょう。

etc... その他、おぼえておきたいフレーズ集

(女性なら)美魔女ですね

たまに本当の年齢がわからなくなる

個性的ですよね

MISSION 5-4

童 貞

の正しいほめ方

童貞を知る

合コン、結婚式の二次会、新入社員の歓迎会など、男女混合の飲み会が開かれ、酒もそこそこ進んでくると下ネタトークになることも少なくありません。そこでいれば必ずピックアップされる「童貞」。「なんで？ なんで童貞なの？」などと本人が一番知りたいことをガサツな女たちに問い詰められ、そこから先は何を言おうが「だからいつまでたっても童貞なんだよ」と一蹴され、あげくは「おい、童貞！ ビール追加‼」と、一気に人間格差が生まれてしまいます。バカにされることはあっても、決してほめられることはないのが童貞なのです。

ハゲ・チビ・デブが表の三大コンプレックスとするならば、童貞は裏のコンプレックスの一強。原因は自分以外にない上、1分1秒でも早く捨てたいので、本人ですらほめる要素がありません。ですから、本人に「守るべきものがあるって素敵だよね！」「30歳まで童貞だったら魔法が使えるらしい

よ！ がんばれ！」なんて言葉はまったく響きませんし、逆に「守ってるつもりはない！」「魔法が使えるようになった1秒後に魔法を使って童貞を捨てるわ！」とツッコまれてしまいます。

ここは童貞が童貞であることに自信を持たせてあげるようなほめ言葉を考えなければいけません。ここで逆に考えてはどうでしょう。童貞にメリットはないとして、では非童貞にメリットはあるんでしょうか？ 早く童貞を捨てた人から順に出世していくわけでもなく、電化製品が安く買えるわけでもありません。逆に童貞ではないことで、デート代にホテル代、風俗代、そしてそれらに費やされる膨大な時間……。そう、つまり童貞が非童貞と比べて得をしているのは「時間」なのです。これを簡潔にまとめて、最後に「自分のために使える時間がその分あると思えば、童貞も捨てたもんじゃないよね」と言えば、童貞は童貞の新たな価値を見つけ自信を持ち、それ以外の人たち

見た目でわかる！ 童貞の生態

- 下ネタに弱い
- 女性には「天使」と「ビッチ」の2種類しかいないと思っている
- 男受けする笑いのセンスが高い
- 小中学生の時はモテていた

も「言ってることは正しいとは思わないけど、まぁ一理ある」と評価をしてくれるでしょう。

ほんの少し前までは、童貞というのは恥以外の何ものでもなかったのですが、草食系男子を超えた絶食系男子なる、あえて童貞を捨てない人種がクローズアップされるなど、その風向きが少し変わってきているようです。ファッションオタクが増えてきたように、ファッション童貞が流行る時代が来るのかもしれません。もし20代で童貞の人が読者にいるなら、焦らずもう少し様子を見ていればモテモテの時代が来るかも。一切責任は持ちませんが。

MISSION 5-4
正しい童貞のほめ方

逆に羨ましい！

ポイント | ONE POINT ADVICE

あなたにはもう二度と訪れない、ドキドキとワクワクの甘酸っぱい感情。でも、目の前の童貞はこれからなんです。その羨ましさをぶつけましょう。

同ロジックのほめ言葉

「楽しみはあとに
とっておいたほうがいいんだよ」
など

童貞のよいところは「時間」以外にあります。それは「初」。何事も1度目に勝る感動はありません。あなたが童貞でなければ、初めてSEXをした時の想像を超える快感は二度と得ることはありません（中には「あ、こんなもんか……」と思う人もいますが）。童貞にはまったく羨ましさを感じなくても、あの初めての感じがこれから先にまだ待っているのです。言われたほうも童貞を少しは前向きに考えることができるはずです。

WARNING! 1 哀れな人と見下さない

特に何の苦労もなく早く卒業した人や女性は、童貞をついついバカにしてしまいがち。けれど、たかだかSEXをしていないか、青春時代にまったくモテなかっただけです。人より二次元への興味が強すぎただけです。それは誰にでもあった可能性。下に見てはいけませんし、気持ち悪がるなんてもってのほかです。

WARNING! 2 あなたの思っている10倍は気にしている

もちろん、「そんな些細なこと」とまったくバカにすることなく接している人もたくさんいると思いますが、それが「王者の余裕」と取られてしまう場合もあります。彼らの劣等感はあなたの想像以上と思ってください。

WARNING! 3 童貞卒業の前にあるさらに大きな問題

童貞をバカにしてしまうのは、SEX自体はものすごく簡単な行為だからでしょう。その行為に至るまでをつい除いて考えてしまうからです。付き合うことができれば、もう3分の2は童貞を卒業したようなものです。彼らを「童貞」とは見ずに、極度の恋愛下手と見れば、少しは彼らのつらさを理解できるでしょう。

one more あるいは、こんなアプローチ

童貞はある種、形になっていない才能の塊です。どこにもぶつけようのない長年の劣等感と怒りの蓄積量は尋常ではないはず。才能と言ってもさすがに運動神経には表れないので、転換されるならお笑いや音楽、文才など芸術的な方面でしょう。

何かを表現させてみると予想の遥か斜め上のものが上がってくるかもしれません。そのサムシングを探してほめるのも手です。

etc... その他、おぼえておきたいフレーズ集

きっとピュア
すぎるんだね

浮気とか
絶対しなさそう！

女って見る目
ないんだね〜

mission 5-5

ネガティブさん

の正しいほめ方

ネガティブさんを知る

あなたの周りにも1人はいるはずのマイナス思考。たまにであれば、その理解できない思考展開に思わず笑ってしまいますが、職場や学校など、ほぼ毎日顔を合わせる仲だと、めんどくさくなってくるもの。だからと言って、「考えすぎだよ！」「もっと明るくいこうよ！」なんて励ましも、その場をごまかす程度でしかありません。もちろんマイナス発言に同調しては、あなたもネガティブに引き込まれてしまいます。

一番の解決法は、本人に自信をつけてもらうことですが、彼らはとにかく深く考え込んでしまう性質なので、完全に心を開いている人でもない限り、安易なほめ言葉は「何か裏がある」「何もわかってないくせに」といった具合にマイナス思考を助長させてしまう可能性があります。

念のため注意していただきたいのが、マイナス思考には、最悪放っておいていいパターンと、誰の手にも負え

放っておいてもいい ネガティブさん

- 友達が多い
- 趣味を持っている
- 端から見て、そんなに不幸 ではない
- わりと健康に気を使っている
- 「え？ そこは気にしないんだ!?」 というところが多々ある

ないパターンがあるということ。あなたの周りのネガティブさんが後者の場合は、一刻も早くフェイドアウトしてください。

前者の場合はかなりのマイナス発言でも、本人はその可能性を考えているだけで、本気で絶対そうなる（最悪の結末）とは思っていないので、真に受けてあなたもネガティブに引きずり込まれないようにご注意ください。

見た目でわかる！ ネガティブさんの生態

- 「最悪の場合」の想定が「ホームレス」か「死ぬ」
- 奥手で人見知り
- ほめられても絶対、裏があると思っている
- どうフォローしても「でもなぁ…」が返ってくる

　ネガティブさんは、気にするところが人と違うということもあって、ことマイナスなことに関して頭の回転が早いもの。

　こちらがあらゆるポジティブ展開を放り込んでも、間髪を容れずに「でもさぁ……」とさらなる展開で返してきます。マイナス思考中が一番イキイキしているとも言えます。

　試しに、無尽蔵に出てくるネガティブ展開にポジティブで対抗してみてください。終わる頃には、長編小説「この世でもっとも不幸な物語」が出来上がっているかもしれません。

mission 5-5
正しいネガティブさんのほめ方

○○は頭が
よすぎるんだよ

ポイント | ONE POINT ADVICE

めんどくさいからといって、しょっぱなからぶっ込んではいけません。ある程度、話を聞いてあげてから、「まぁ結局は……」的なニュアンスでシメの一言に。

同ロジックのほめ言葉

「その才能、使い方間違ってるよ」
「今日もネガティブ名言いっぱい出たね」など

これは「考えすぎ」の言い換えで、「考えすぎ」→「よく考える人」→「頭がいい人」というロジックです。「ネガティブさんへのほめ言葉は、かえって裏があると取られる」ので、ほめ言葉をマイナスでくるんだ言葉がちょうどいいでしょう。先にマイナスでシメておけば、相手も「マイナス」に展開できません。しかも、これが人としては最上級のほめ言葉「頭がよい」なのですから、気持ちよくないわけがありません。

WARNING! 1 話は客観的な事実にとどめる

彼らは、どんな話を、どんな思い込みでマイナスに受け取るか、わかったものではありません。その時であれば、フォローのしようがありますが、そのまま一旦家に持ち帰られでもしたら、もはやその話は、あなたの知っているものとは別物になっていると思ってもいいくらいです。

WARNING! 2 マイナス思考を全否定しない

マイナス思考には、よい一面もあります。その1つに「最悪のパターンを想定しておくことで、ショックが軽減される」というものがあります。何の根拠もなく「大丈夫！大丈夫!」では、取り返しのつかないミスを起こしかねません。ネガティブさんから「バカ」と思われないためにも、そこそこのマイナス思考も必要なのです。

WARNING! 3 勝手に決めない！

ネガティブさんを含めて数人で行動する場合は、「これくらいは聞かなくてもいい」と思っていても、一言聞いてあげるようにしましょう。面倒ですが、これをやっておかないと「何も相談されない」→「必要とされていない」→「来ても来なくてもどっちでもいい」→「行かない!」となり、後々もっと面倒になる可能性大です。

あるいは、こんなアプローチ

手っ取り早く、その場だけでも自信をつけさせるのが「その人が尊敬する、または好きな"有名人の言葉"」です。「私なんて誰にも必要とされていないんだよ……」ときたら、「あの有名人、何かの雑誌で"必要とされないと感じても、あなたが必要とする人がいればそれで十分。受け身でいてはいつまでも何も進まない"って言ってたよ」と返しましょう。「え!? そうなの？ ……確かにそうだね」となることでしょう。

 その他、おぼえておきたいフレーズ集

ポジティブバカより
全然いいと思うよ

○○の自己評価ほど
この世で間違っている
ことはないよ

MISSION 5-6

説教好き

の正しいほめ方

説教好きを知る

ど この職場にもいる嫌われ者の代表格「説教好き上司」。怒って当然、言ってることも正論が多いのが特徴です。しかし「言い方」「長さ」「しつこさ」などで、自らそれらを全部、帳消しにしてしまうのが玉にキズ。その目的はこの一言に尽きるでしょう。「気持ちがいい」。

あなたが「イヤ、でもそれは……」なんて反論してもまたそれが説教のタネになり、1時間で済むところが2時間、3時間と延びていきます。だからといって「そうですね、おっしゃる通りです」と言っても、「いいや、おまえは全然わかってないね」と、もう、どうしていいのかわかりません。

しかし、説教好きが全員に対してそうかというと、そうでもありません。彼らがターゲットに選ぶのは仕事のできる／できないではなく単に「言いやすさ」なのです。

よく「黙って"はいはい"聞いてればいいんだよ」という人もいますが、こ

れはその場しのぎにすぎません。まだロックオン状態です。彼らが説教をするのは「気持ちいい」からです。だとしたら、単純に別の要素で気持ちよさを与えてあげればどうでしょう?

例えば説教好きがよくきっかけに使ってくる「わからないんだったら聞けよ。なんで聞かねんだよ」があります(聞いたら聞いたで「これくらいのこと、いちいち聞いてくるなよ」と言われるのですが)。この時、「聞いたらまた怒られると思いまして」と言ってしまいがちですが、この気弱な態度、ネガティブなところが、あなたがターゲットにされる理由でもあり、説教スタートのきっかけでもあるのです。

ここで「すいません、1人でできれば○○さんに認めてもらえると思って……」と、ポジティブに、そして相手を尊敬している感が出るような返事にしてみましょう。相手は思ってもない返事に調子が狂うはず。そこでさらに「○○さんに聞くと聞かないとでは全

見た目でわかる！ 説教好きの生態

- 反論してきそうな人にはしない
- 説教ネタを探しているため、常にうろうろしている
- 考え方が昭和
- 後半「あれ？ で、なんの話だっけ？」となる

然違う」「早く○○さんのようになりたい」と、たたみかけましょう。ほめてくる人を怒り続ける人はそうそういません。しばらく説教を聞いてから言うと、後づけに思われて台なしです。早めに繰り出すことをオススメします。

説教好きの困るところは、時間を持て余しているところです。それに加えて当然、周囲からも嫌われているため、わざわざ自分から寄ってくる部下もいません。そうなると職場をうろうろさせてしまうことになり、説教ネタを探させる要因になります。できるなら持ち回りで話し役を決め、彼らに説教ネタを探させるヒマと時間を与えないようにしましょう。

mission 5-6
正しい説教好きのほめ方

嫌われ役を自分から買って出るって、スゴいですよね！

ポイント | ONE POINT ADVICE

驚きまじりの大げさな言い方はバカにしていると思われるのでNG。「自分が嫌われ役だったらイヤだな……」と意識してから言うと真実味が出ます。

同ロジックのほめ言葉

「"え？ 普通そんなとこまで見ます!?"ってくらい仕事にマジメですよね！」

明らかに「士気を下げる」「時間のロスが増える」など仕事にマイナス面が出る場合は、説教をなくす、もしくは減らすしかありません。そこで使えるのがこの言葉。いわゆる「ほめ殺し」です。説教好きは、言える人にしか言わない小心者なので、「え！嫌われてるの？」と返してくるはず。そこで「そりゃそうでしょ。みんなめちゃくちゃ嫌ってますよ」と追い打ちです。すぐにでも店じまいしてくれるでしょう。

WARNING! ❶ 事前の根回しを怠るべからず！

説教好きがこれを聞いたあとで、誰かに「おまえら、俺のこと嫌ってるんだろ？」と言う可能性もあります。その時に「全然そんなことないですよ！」と言われたら説教自粛させる計画は台なしです。事前に「なんか言われたらうまく濁しておいて」と伝えておきましょう。

WARNING! ❷ 犯人探しをさせない！

これを言ったあとは「でも、みんなお説教がイヤなだけでそこ以外は尊敬してますよ」と立てることを忘れずにつけ加えておきましょう。この一言で怒りにまかせた犯人探しはしないはずです。

WARNING! ❸ 教育係は絶対に必要！

仕事ですから、少しの緊張感は大切です。お説教好きがいることで、みんなには目をつけられまいとする緊張感があるのは事実。一致団結して説教好きを潰すのは簡単ですが、それによって、職場がグダグダになってしまっては意味がありません。

👉 あるいは、こんなアプローチ

　後輩が説教されていたとしましょう。そこに「おい、お前、また○○さんに時間を使わせてんのか。どんだけ贅沢なんだよ。○○さんは忙しいでしょうから、ここは僕ががっつり締め上げますんで、戻っててください」と割って入り、説教好きの姿が消えるまで、もしくは見えないところまで引きずりこみましょう。あとで後輩に理由を説明してあげれば、頼れる先輩の印象をつけられますし、しっかり後輩を叱れるあなたを上司は信頼するでしょう。

---

etc... その他、おぼえておきたいフレーズ集

○○さんの説教には愛がある

○○さんが何も言わないと逆に物足りないです

叱って伸ばすタイプですよね

MISSI

無駄にがんばってる人
のほめ方

ON 6

応援してあげたいのは山々なのだけれど、努力の方向性が違うような気がする人たち、あなたの周りにいませんか？ 自称・ブスもアラフォー夢追い人も社畜も、まとめてほめ倒しましょう。

MISSION 6-1

自称・ブス

の正しいほめ方

自称・ブスを知る

ブスには大きく分けて2つ「①許せるブス（＝努力ブス）」と「②許せないブス（＝勘違いブス）」がいます。そして、第三勢力とでも言うべきブスが、この自称・ブス。「私、ブスだし」と言っちゃうタイプです。コンプレックスは普通、人には絶対言いたくなかったり触れられたくなかったりするものなのに、彼女たちが逆に自分から「ブスなんです」と自虐する理由──それは「そんな言うほどブスじゃないけど……」と思ってもらい、かつ「そんなことないよ〜」と否定してもらうために他なりません。彼女たちは、なぜそんな言葉を欲しがるのでしょう？

それは、「自分ではかわいい寄りだとは思いたいけれど、周りからどう見えているかはわからない」から。彼女たちは、ただただ不安なのです。だからこその、"自称・ブス作戦"です。

自称・ブス「かわいくなりたいわ〜。ブス辛いわ〜」

あなた「そんなことないよ〜」

このように自称・ブスは、ブスを否定してもらって"ブスではない安心感"を得ているのです。そう考えると、彼女たちが事あるごとに何度も謎のやりとりを要求することに合点がいきます。この"ブスじゃない承認"欲求が高じた結果が、本当にブスと思っているならとてもできないであろう、"自撮りをSNSに載せ倒す""イケメン好き""自分でブスと言っておきながら否定してもらえないと不機嫌になる"といった生態だと言えます。彼女たちの「私、ブスだし」は「私、ブス"かもしれない"し」だと解釈するようにしましょう。

ちなみに、言うまでもなく「そんなことない」という否定は単に「ブスではない」というだけで、決して"＝かわいい"というわけではないのに、彼女たちは満足します。

おそらく、「そんなことない」は脳内変換されて「かわいい」と

見た目でわかる！ 自称・ブスの生態

- 自撮りに妥協なし！
- シチュエーション別に友達を分けている
- 男の理想が高い
- SNSの投稿がポエム調

聞こえているのでしょう。

こちらとしては、彼女たちの自称・ブス作戦に付き合ってあげてもよいのですが、何度も繰り返されるとやっかいです。ただただ、面倒なだけのブスなら関係を切ってしまえばよいのですが、彼女たちと仲よくするメリット（友達が多いなど）がある場合は、この無駄なやりとりをやめさせ、「そんなことないよ-」以上に響くほめフレーズで、さらに良好な関係を築くのがベストです。

mission 6-1
正しい自称・ブスのほめ方

出たよ〜、いつもの美人あるある！

ポイント | ONE POINT ADVICE

「出た〜！」と大げさに言うとバカにしている感が出てしまうので、抑えめに。笑顔で少し嫉妬まじりの呆れ気味感が出せると good！

同ロジックのほめ言葉

「北川景子と佐々木希も同じようなこと言ってた！」

※ 200%ウソでかまいません

自称・ブスの「かわいくない」が"否定待ちの自虐"であるのに対して、美人は「人がどう思おうが自分は納得してない」という意思表示で「かわいくない」と言います。ですから意味も用法も180度違うけれど、シンプルに、"美人がよく言うことを言った"ということを指摘してあげるのです。決して彼女を「美人」と言ったわけでもないのに、自称・ブスの脳内では即座に「美人って言ってもらえた！」という変換が行われます。

WARNING! 1 好意があるように思わせる

気分よくなってもらうためのフレーズなので、あなたが女性であれば何も気にする必要はありません。けれども男性の場合は、好意を持たれないようにこのフレーズの前後の文脈に細心の注意を払いましょう。

WARNING! 2 「待ってました」感を出す

ポイントは「呆れた」「うんざり」「もういいよ」感です。「待ってました」と受け取られてしまうと、より調子に乗る危険性があります。あるいは、バカにしていると取られて気持ちよくさせるどころか機嫌を損ねてしまいます。

WARNING! 3 容姿をほめる

ブスは基本的にほめられる時は中身だけなので、逆に容姿をうまくほめるフレーズは効果大ですが、この自称・ブスに限っては容姿をほめられたがりなので、調子に乗らせないために容姿はほめないのが鉄則です。

あるいは、こんなアプローチ

出身地や出身校を聞いて「そこ出身の人って、美人が多いイメージ」とか、持ってるグッズに対して「それ、かわいいコはみんな持ってるよね」といった具合に、環境やアイテムと"美人"を組み合わせることで、フレーズは無限につくれます。

その他、おぼえておきたいフレーズ集

かわいい友達が多そう！

似合う服、いっぱいありそうだね！

すぐ彼氏できそう

MISSION 6-2

アラフォー夢追い人

////////////////// の正しいほめ方 //////////////////

アラフォー夢追い人を知る

地方では希少だと思いますが、都心にはちゃんと働いている人より多いんじゃないかと思うくらい、夢を追い続けている人たちがいます。アイドルや役者の卵、自称・アーティスト、バンドマン、お笑い芸人etc.——若ければ純粋に応援してあげたくなりますが、35歳を超えると応援どころか心配になってくるのがこの人たちです。

ひと昔前までは高校を卒業してから10年くらい、アラサーくらいでどうにもならない場合、自分の才能に見切りをつけて新たな道に進む人がほとんどでしたが、最近はよくも悪くも遅咲きでブレイクする人が増えています。そのせいか「もしかして俺（私）も！」とあきらめきれず、あっという間にオーバー35というパターンも増加の一途。そのほとんどは職歴がテレアポだけのオーバー35で就職先もなく、冠婚葬祭などの一般常識もほとんど知りません。結果、後戻りもできずに絶

賛現実逃避中という体たらく。

彼らの日常は、1.5割くらいが本業で、8.5割が深夜バイトです。バイトがない日は同じような状況のダメ仲間と集まり、安居酒屋で売れている人たちとそれを認める世間への愚痴三昧。しこたま酔っ払って帰宅しては夕方まで寝て、起きたら深夜バイトに行く……という繰り返し。なんというか、まぁはっきり言ってどうしようもない人たちです。

このように、税金もまともに払っていないようなアラフォー夢追い人くんたちをほめるメリットはどこにあるのか？　もちろん、「売れた時に周りに自慢できたり、好きな芸能人に会わせてくれたりするから！」ではありません。意外かもしれませんが、彼らはとてつもなくよい人が多い、ということに尽きます。

苦労人だけあって、人が困っているとどんなことでも、できる限り助けてくれたり相談に乗ってくれるのも彼ら

見た目でわかる！ アラフォー夢追い人の生態

の特徴です。しかも、報われるかどうかもわからないことを20年近くも続けている経験則は、示唆に富んでいます。他の人からはもらえない角度からの考え方やエピソードは絶対に参考になるはず。大人としてはいかがなものかという面もありますが、友達にするなら最高の人たちです。

mission 6-2
正しいアラフォー夢追い人のほめ方

なんか、やっぱり頭のどっかブッ壊れてるね！

ポイント | ONE POINT ADVICE |

明るく「すご〜い!」という感情を込めて言いましょう。「やっぱり!」と前から思ってた感と、イイ意味で感を強めに出すと good！

同ロジックのほめ言葉

サラリーマンとか絶対ムリそう！
※逆に「社会不適合者」の烙印を押しまくりましょう

会 話の中であなたと考え方や発想が違うと感じた時に言ってあげましょう。連発してあげましょう。人と違うこと、オンリーワンをモットーに生きている彼らにとっては最高のほめ言葉です。仲がよければ「やっぱキ○ガイだね！」と言っちゃってもよいくらいです。「やっぱり」をつけることで、「いつかかなる時も独特」感が出て、なお響きます。彼らは「んなことねーよ！」などと反発しますが、顔は完全にニヤけているはずです。

WARNING! 1 「やっぱりどこか1本、頭のネジが抜けてるね！」

「頭のネジが抜けている」がネックです。「頭が悪い」とか「バカ」と言われているように取られかねません。何かが「欠けている」とか「抜けている」という感じではなく「壊れている」というニュアンスが大切です。

WARNING! 2 「だから売れないんだよ〜」

ミュージシャンだったら曲、芸人だったらおもしろさなど、成功に直結することで言う分には、愛があれば許されます。が、お土産や注文した料理など全然関係のないポイントはダメ。傷つけ、腹を立たせてしまいます。

WARNING! 3 「結婚とか絶対ムリそう!!」

これが「ぶっ飛んだ感覚だから合わせられる人がいなさそう！」という意味であればよいのですが、彼らは自動的にこれを「経済的に！」と深読みしてしまいます。現実を突きつけ、絶望の淵に立たせるのは避けましょう。

 あるいは、こんなアプローチ

「どこでも器用にやっていけそうだよね」も効果ありです。「器用に」というのをしっかり立てることで、"芸達者"感を出しましょう。意味をツッコまれたら、「やればできるけれども、"あえての"社会不適合者っぽい」とか何とか言っておきましょう。

 その他、おぼえておきたいフレーズ集

早くお金持ちになってよ〜！

華があるのにね〜！

ホントに口が達者だよね

MISSION 6-3

社畜

############ の正しいほめ方 ############

社畜を知る

毎日のように残業（もちろんサービス）をし、終電を逃した時は寝袋で泊まり、帰ったとしても仕事を持ち帰り、毎日4〜5時間しか睡眠を取れない。休みの日は接待か、何もなければ12時間くらい泥のように眠り続ける……もはや自分の生活にして自分の生活にあらず、それが社畜です。

仕事が好きで好きでたまらないのなら別ですが、そこにはもはや好き・嫌いの概念はありません。ただ言われるがまま、目の前の仕事をこなすことで手一杯で、定時退社・有給休暇なんて都市伝説、異国の神話レベル。そもそもそんなのを守っていたら仕事が終わりません。もしも彼らの恋人になろうものなら、デートの約束はドタキャン連発、会えても仕事の電話が鳴りまくり、最悪「ごめん！ 会社行かなくちゃ……」なんてこともざらです。

さらに末期になると、普通なら休日に休みをもらって当然なのを「休ませ

てもらえた！ ありがとうございます‼」と言い出したり、終電で帰れたことを嬉しがったりするなど、相当ヤバい症状が顕在化します。これらは、いわゆるブラック企業に勤めている人に多い症状ですが、中でも特に中堅社員はほぼ例外なく末期です。上司からは親の仇のように仕事を振られ、その仕事を振る新人はすぐに辞めてしまうから、自分でやるっきゃない。次に新人が入ってきても、また辞めさせるわけにはいかないので、無茶振りもできず結局、自分で抱えるしかない……この悪循環無限ループに陥ったら最後、会社を辞めない限り症状が改善することはありません。

彼らを知る人、目のドロリ具合を見た人は全員「辞めたほうがイイよ！」とアドバイスするのですが、まぁムダです。元々、責任感が強すぎる性格なのか、完全に洗脳されているのか、はたまたドM変態野郎なのか、中には一周して"社畜自慢"した

見た目でわかる！社畜の生態

- オフィスに寝袋がある
- 主食はカップ麺
- 休日、何をしてよいかわからない
- 目が死んでいる

いのか、理由はそれぞれですが、彼らは口を揃えてこう言います。

「俺が今抜けたら会社が回らなくなるから言えるわけない！」

さすがです。「辞めたほうがイイ」と言われて、すぐ辞めるようなら真の社畜とは呼べません。社畜たちの社畜っぷりをナメてはいけません。彼らが社畜から抜け出すためには、自分でそのヤバさに気づいてもらう他ありません。ほめて気持ちよくさせながら、それを可能にできれば最高です。

MISSION 6-3

正しい社畜のほめ方

そんなに会社に必要とされるってスゴい！だったらもっといろんなことにチャレンジしたほうがイイよ!! 絶対!!

ポイント | ONE POINT ADVICE |

仕事の愚痴、社畜自慢どちらかが出たら、驚きと賞賛を込めて伝えましょう。語尾に強めの「絶対」を絶対に忘れずに!

同ロジックのほめ言葉

「めっちゃ頼られてるね！
他の会社行ったらスーパーマンだよ!!」

※超人的な体力をほめつつ、
他社と自社を比べるきっかけをつくってあげる

「**他**に人がいないから」が理由なのですが、彼らが必要とされていることに違いはありません。そこをまずほめちぎりましょう。そして「もっとチャレンジを」とハッパをかけてください。言われるがままの彼らには"自分で考える大切さ"を思い出させ、社畜思考から抜け出させる必要があります。そんな会社ではいくらチャレンジしても却下されるでしょうから、しばらくすれば「この会社ダメだな！」と気づくことでしょう。

WARNING! 1 「え？ それ時給に換算したらいくら!?」

彼らの給料を時給換算したら、地方の高校生バイト以下の時給になること必至です。転職を考えさせるきっかけになればよいのですが、ただ仕事へのモチベーションを下げるだけになる可能性があります。

WARNING! 2 「すごい責任感が強いんだね！私だったら逃げ出しちゃう!!」

責任感の強さをほめるのはOKですが、あまりに強調して言うのは問題です。逆にそれが彼らにプレッシャーを与えてしまい、ますます逃げられなくなります。あくまでも軽い感じにとどめておきましょう。

WARNING! 3 無茶振り上司への対処法アドバイス

彼らの会社への悩みや愚痴、不満にいくらアドバイスしても無駄です。会社に文句が言える人間だったら社畜になっていません。最悪なのは説教っぽくなってしまうこと。怒られるのは会社でだけにしてあげてください。

 あるいは、こんなアプローチ

会社を非難して社畜をほめるというアプローチもあります。例えば少し彼のことを知っている間柄なら、「○○くんって余裕があるほうが絶対に能力発揮できるのに、会社は使い方を間違ってるよ」などがよいでしょう。

 その他、おぼえておきたいフレーズ集

○○くんが抜けたら会社潰れるね

○○くんみたいな上司が欲しいわ〜

mission 6-4

便乗野郎

////////////// の正しいほめ方 //////////////

便乗野郎を知る

あなた「ちょっとコンビニでお昼ご飯買ってくるわ」

便乗野郎「あ、じゃあついでに俺のも！」

あなた「あ！　会社に忘れ物しちゃった！　取りに戻るわ」

便乗野郎「あ、じゃあついでに俺のデスクに……」

あなた「先輩に買い物頼まれて……」

便乗野郎「あ、じゃあその途中でさ〜」

このように、とにかく自分ではまったく動かずに「ついでに」の一言で済ませてしまう人、あなたの周りにもいませんか？ ジュースを1本買うところを2本買うくらいならまだしも、買いに行く本人よりも量が多かったり、同じなのは方向だけだったりと、もはや消費エネルギーの割合で言えばこちらの用事のほうが“ついで”に思えてしまうほど乗っかってくる輩がいたら、それは便乗野郎です。

たとえ「自分で行けよ！」とツッコんでも、彼らの性格上「だよね！　ごめん!!」とは、ほぼなりません。むし

ろ「ついでじゃん！　ケチくせー。鬼ケチだな!!」とこちらを悪者にしてくる始末。虎視眈々と狙っていた便乗チャンスを「よくも台なしにしてくれたな」というわけです。

多数決では、事前にどれだけ真逆のことを言っていても多数派に乗っかります。意見まで便乗してくるのです。彼らはその場の空気を読んでとにかく上手に立ち回り、メリットのあるほうを選ぶので、場合によっては上司すらも裏切ります。彼らの見事な手のひら返しっぷりに絶句してしまったことがある人も少なくないでしょう。陰で裏切るならまだしも、目の前で何の悪気もなく素の表情で意見を覆すその様は、それはそれは鮮やかです。周囲の人たちは便乗野郎を「自分では一切行動せずに周りの行動、意見に合わせるだけのボウフラ野郎」または「自分のメリットだけしか考えないヤツ」と陰で罵ることはあっても、ほめることはありません。

見た目でわかる！ 便乗野郎の生態

- その場のボスをすぐ見分ける
- タダ飯の場には必ずいる
- 見るからに小者臭がする
- 年上としかつるまない

んな彼らの長所は、流行に敏感だという点。流行にもすぐ便乗しがちな彼らと仲よくなれば、だいたいの流行情報は得られるはずです。ほめる際は、やはり多数決におけるキーマンぶりをフィーチャーするとよいでしょう。少人数であればあるほど、浮動票とも言える便乗野郎の選択は、大きな影響力を持つことになります。いつもの所業はとりあえずなかったことにして、「ここぞ」という時の存在感をほめてあげましょう。

mission 6-4

正しい便乗野郎のほめ方

○○くんって、いつもキーマンになるよね

ポイント | ONE POINT ADVICE

「前々から思ってた」とか「考えてみると……」といったニュアンスをプラスした感じで言えればgood！

同ロジックのほめ言葉

「○○くんに便乗しておけば、とりあえず安心だよね！」
※便乗野郎の便乗センスをほめる！

誰かがいてこその便乗野郎だけれど、多数決の場では「あなたは最重要人物ですよ！」と言われるに値します。多数決に限らず、便乗野郎の食指が動くか動かないかはけっこうなポイントです。便乗野郎に便乗されない＝「便乗の価値がない！」と言われたも同然だからです。AになるかBになるか、それは価値があるのかないのか、その決定権を握っているのは便乗野郎——そう思ってほめるとよいでしょう。

WARNING! 1 「ま、それくらいイイか」と安請け合いしすぎる

何度も了解していると、それが当たり前になり「ありがとう」の気持ちすらなくさせてしまいます。また、便乗野郎に便乗する第二、第三の便乗野郎が現れる可能性も大。10回に8回は「一緒に行こ！」と言いましょう。

WARNING! 2 便乗を真剣に怒る

注意する時は他にも何人かいる状況で「出たよ、また便乗〜！」くらいのツッコミ、またはイヤミにとどめておきましょう。マジ怒りすると、あなた自身、何があっても絶対に便乗できない状況に追い込まれてしまいます。

WARNING! 3 みんなの前でほめちぎる

きっと周りからも彼らは「便乗野郎……」と思われているはず。そこでほめてしまうと「いやいや、こいつ便乗してるだけじゃん」とツッコむ人がいるかもしれません。そうなるとせっかくのほめ言葉が余計な一言に。

あるいは、こんなアプローチ

彼らは何事も自分のメリットを最優先して動きます。そのずる賢さにフォーカスを当て、「生き方が賢いよね！」と言い換えてほめましょう。たとえそう思ってなくても、心の中で前に「なんだかんだ」をつければ、イヤミなく自然に出せるでしょう。

その他、おぼえておきたいフレーズ集

いつもおいしいとこ持ってくよね〜

その生き方見習わなきゃ

やり方、うまいな〜

MISSION 6-5

なぜかモテないくん

の正しいほめ方

なぜかモテないくんを知る

そこまでブサメンでもなく、コミュニケーション能力もまぁまぁ、ダサくもなければ不潔感があるわけでもない。むしろ見た目には気を配っているほうだし、気をつかえて優しいから、モテはしないかもしれないけれど普通に彼女がいてもおかしくない。むしろ周りから「あの人イイね」という声も聞いたことがある——なのに彼らは「モテない……まったくモテない…」と毎日毎分ぼやいています。好かれないことはないのに、なぜそんなにモテないと思っているのか? そして、なぜ彼女ができないのか?

その一番の理由は「相手に求める合格ラインが高すぎる」からに他なりません。あなたの周りにこのタイプがいるなら、気づかせるために一度や二度は直接言ったことがあるでしょう。「合格ラインが高い」あるいは「選びすぎ」と。けれどもそんな言葉では、彼らの目は覚めません。本気で彼らを思うのであればはっきり言ってあげたほうが

よいでしょう。「この身の程知らず!」と。

このことは、彼らが好きになる相手を見ればわかります。まぁ、だいたい美人です。

世の中には「何で!?」と不思議に思うほど外見が不釣り合いなカップルが数多くいますが、その場合はだいたいルックスを補うサムシングがあったりするものです。けれどもこのモテないくんは、ルックスが中の中(または下)なのに中の上、上の下あたりにいると思っているフシがあります。だから、美人たちが「ありのままの自分を好きになってもおかしくない」と思えるのです。

そうなってしまう理由は、"若い頃に一度どういう奇跡が起こったかは不明だが、美人と付き合ったことがある"ことが多いようです。

もう1つ理由を挙げるとするならば、美人の友達が多いがゆえに"仲よくなれている=なんかあったら付き合

見た目でわかる！ なぜかモテないくんの生態

え る"という勘違い――その思考は"勘違いブサメン"と何ら変わりありません。

ほめる際は、彼らの自意識にスポットを当てましょう。彼らは、"要素だけはモテる可能性が十分ある"ことを自覚しています。内心では「本気を出せば……」と思っているのです。「けど、自分では恥ずかしくて言えない……」という忸怩たる思いを代弁してあげることが、ベストほめフレーズにつながります。

mission 6-5

正しいなぜかモテないくんのほめ方

その気になれば すぐ彼女ができるのに！！ ねぇ？

ポイント | ONE POINT ADVICE

同席している人に呆れた感じで言えると good！ おそらく「え!? 何なに？」と、嬉しそうに身を乗り出します。

同ロジックのほめ言葉

「裏でモテてるんだよ。
つくれるのにつくらないだけ！」

※ "裏" ですから本人には否定のしようがありません。
モテさせたい放題です

「彼女欲しい！」やら「モテない！」やらと、いつもの愚痴が始まったら言ってあげましょう。

「そんなことないんだけどな〜」とか言いながらも、顔はまんざらでもないはずです。直接言うと、「本心を見抜かれた！」という衝撃で嬉しさが半減するため、ワンクッションおいて同席者に言うとよいでしょう。

WARNING! 1 合コンを開いてあげる

モテないくせに女子の好みにうるさいため、好意で呼んであげているのに、気に入らないと「ブス」「デブ」「アホそう」など、後で文句ばっかり言います。たまたま女子がいる飲み会に呼んであげるくらいにしましょう。

WARNING! 2 合コンを開いてもらう

女子力が高く優しいので、彼らは女子の友達が多い傾向があります。合コンを頼むと快く受けてくれはしますが、実際に開いてくれることはほぼ皆無。どうやら、友達を取られてしまうことを恐れているようです。

WARNING! 3 猛烈なアタック

あなたが女性でこのモテないくんを好きになってしまった場合、猛アピールすると絶対に逃げられてしまいます。興味を引きたい時は、気のないつもりで友達から入って軽くジャブを打ち続けるのが効果的です。

 あるいは、こんなアプローチ

正体はほぼ勘違いブサメンでも、彼らはごくたまにモテることがあります。それは、とても優しいからです。優しさ免疫が弱いブスには、モテやすいとも言えるでしょう。ちょっとした気づかいに気づいてあげられれば、そこをほめてみてください。

 その他、おぼえておきたいフレーズ集

実は○○くんのこと好きだっていうコ、けっこういると思うよ

持ち物のセンス、めっちゃイイよね！

MISSION 6-6

ゴシップBOY

の正しいほめ方

ゴシップBOYを知る

他 人の恋愛、仕事、金銭事情といったゴシップが好きな人は多いもの。けれども、あまりに好きすぎて「てめぇパパラッチかよ！」とツッコみたくなるほど本格的な情報通、それがこのゴシップBOYです。

口の軽さは羽毛のごとしで、一度彼らに秘密を知られたら翌日には生活圏全域に拡散されていると覚悟しなければいけないほど。それが事実ならまだしも、実際とは全然違う誇張をして伝えられていることも珍しくありません。というか、ほとんどそうです。キャベツをやみつきキャベツにしてしまうどころか、お好み焼きにして提供されてしまうのです。

そこにお金が発生していれば、彼らがゴシップ収集＆拡散に奔走するのも、まだわからなくもありませんが、もちろん彼らは無報酬。彼らを動かしているのは、「注目されたい」という気持ちです。

仕事やスポーツ、勉強ができてモテ

な人がゴシップBOYになることは、まずありません。あえて「注目されたい」と思わないからです。逆にゴシップBOYになるのは、ゴシップ情報網をはぎ取ってしまったら何も特徴のない人ばかり。元々ゴシップ好きの性格なだけでなく、一度何かのゴシップで注目されたり、その場の主役になってしまったがために、「もっと！もっと‼」とやみつきになってしまった可能性が高いと言えるでしょう。

そしてゴシップBOYのもう1つ大きな特徴は、サービス精神が旺盛という点です。彼らは入手したゴシップに想像や予想をあたかも事実のように盛ったり、まだ噂でしかないことを確定済みのように話します。

これは「注目されたい」という欲求に、"サービス精神"が乗っかった結果なのです。

彼 らはその場の主役になってみんなが楽しんでくれるならば、親友の秘密を暴露するのさえ躊躇しま

見た目でわかる！ ゴシップBOYの生態

- なんか全体的に軽い
- 我慢弱い
- 無音に耐えられない
- どこにでも現れる

せん。"ゲスの極み"とは、まさに彼らのためにある言葉でしょう。ただ、それを加速させてしまうのは、欲しがってしまう私たちだということも忘れてはなりません。

ほめる際は、ゴシップを報告してくる彼らの気持ちにフォーカスしましょう。「喜んでもらおう、楽しんでもらおう」というサービス精神がほめポイントです。

mission 6-6
正しいゴシップBOYのほめ方

ホントにクズだと思うけど、そういうとこ大好き！

ポイント | ONE POINT ADVICE |
緊張（クズだと思う！）と緩和（大好き！）を出せるとgood！「大好き」は満面の笑みで!!

同ロジックのほめ言葉
そういうの聞かないほうがイイんだけど……求めちゃうよね〜！
※「月イチ報告会お願いします！」と、欲には抗えない悔しさを満面の笑顔で伝えましょう

ゴシップの報告活動に日々いそしむ彼らも、時には不安に陥ります。「あいつ最低だ！ マジクズだ!!」と陰で言われているんじゃないだろうか……と。だからこそ刺さるのがこのフレーズです。はっきりと「人間のクズ！」と蔑んだ上で、「でも俺（私）もゴシップ好き！ それをくれるあなたが大好き」と伝えて救ってあげましょう。その信憑性に疑問符はつきますが、さらにとっておきのHOTゴシップを提供してくれるはずです。

WARNING! 1　聞いた話を鵜呑みにする

彼らの話がありのままの事実であることは非常に稀です。盛ったり偏見だったり、ガセネタなことも。7掛けくらいで聞いておきましょう。もちろん、聞いたその真偽も曖昧な話を他の人に又聞かせしてはいけません。

WARNING! 2　リアクションの取り方！

リアクションが大きいと、調子に乗ってどんどん話を盛ってきます。逆に小さくても、不安になってやっぱり盛ってきます。話が事実とかけ離れすぎないように、ちょうどイイ感じで聞きましょう。

WARNING! 3　内緒の話をする

彼らと接触する時の最重要ポイントです。彼らには、他に知られてはいけない話を絶対にしてはいけません。「ここだけの話！」「他で言っちゃ絶対ダメ！」「俺から聞いたって言わないでね」などと釘を刺してもムダです。

 あるいは、こんなアプローチ

「ホントに話し方がうまいよね！」などと話術をほめるのも効果的。人の好奇心をくすぐるために、彼らは話の構成にも気を配っています。けれども悲しいかな、そこに注目してくれる人は皆無。その分、刺さること間違いなしです。

 その他、おぼえておきたいフレーズ集

その探究心は尊敬に値する！

人の話を聞くの上手だよね

話の構成にセンスがあるよね

MISSION 6-7

意識高い系

の正しいほめ方

意識高い系を知る

最近、巷、特にネット界隈で話題になっている意識高い系。彼らは向上心が高く、行動力が旺盛で情報に敏感、SNSを駆使した人脈作りに余念がなく、リーダーシップを取りたがり、ファッションに独特のこだわりを持ち、多趣味。自分磨きにも抜かりはありません。とにかく自己プロデュース……いや、セルフブランディングにいそしむのが特徴です。

とはいえ、それは"よく言えば"のこと。情報のソースは全部ネット記事を浅くさらった受け売りのうんちく、リーダーシップを取るというよりはしゃしゃり出たがり、発言がいちいち上から目線。こだわりがありそうなファッションも、同じ髪型でもれなくくるぶしが出ているがゆえに集団を少し遠目で見るとみんな同じビジュアルetc.——とにかく、すべてがペラいのは否めません。基本的には、ちょっとイイとこ大学の就活生、起業家、フリーランスの○△など、実績ゼロ、あるい

は収入源や業務内容が謎、といううさんくさい人がなりがちなようです。

だからなのか、やっていることや言っていることは正論で「その通り！」ということばかりなのに、なぜか彼らを見る周囲の目は冷ややか……いや、むしろ「ウザい」「しんどい」「めんどい」「なんでそんなイキってるん？」「キモい」「こいつ何なん？」など、ほとんど嫌われ者扱いです。

やたらと横文字を使ってわかりにくくしたがるのも大きな特徴の1つ。日本語のほうが絶対によいのに、です。

コンセンサス　　⇒　みんなの合意
エビデンス　　　⇒　証拠・根拠
プライオリティ　⇒　優先順位

これくらいなら、最近使う人も増えてきたのでまだマシです。こじらせると「あのアジェンダ、まだペンディング中？　オーソライズ取れた？　インセンティブのバジェットはあるから、

見た目でわかる！ 意識高い系の生態

- とりあえずスタバに行く
- SNSの自己紹介が長い
- 知り合いに起業家が多い
- 身なりがこぎれい

こっちがイニシアチブ取って。じゃ次のオポチュニティ」など、ビジネス用語をネット検索しながらでないと解読できない会話が始まります。

マイナスイメージばかりが並んでしまいましたが、実は彼らは意識が高い人たちを模倣しているだけ。本当にデキる、あるいは意識の高い"本体"とも言うべき存在の劣化版だと言えるでしょう。

mission 6-7
正しい意識高い系のほめ方

周りで一番、
10年後が楽しみな人！

ポイント | ONE POINT ADVICE |
言っていることを全部鵜呑みにした期待MAXの気持ちで言ってあげましょう。屈託のない笑顔もマスト。

同ロジックのほめ言葉
「○○くんの将来が
一番興味あるかも！」
※彼らが将来の目標や展望について熱く語ったら、
「へ〜！でも」を前につけて言ってあげましょう

本当はフレーズの前につけるべき「よい意味で」あるいは「悪い意味で」を言わなければ、自信家の彼らは100％よい意味としてしか捉えません。彼らの口からあふれてやまない「俺（私）はデキる人！」アピールは、本当に出世や成功を期待している・いないにかかわらず、将来を想像すると楽しみなもの。10年後の何者にもなっていない姿を考えるだけで、ご飯がすすむことでしょう。彼らが気持ちよくなることにコミットしてください。

WARNING! 1 「意識高い系だよね！」

彼らはネット情報に敏感です。ですから、「意識高い系」というのがバカにされているくくりだということもわかっています。もちろん否定するでしょうし、気分を害します。けれども「意識高いよね！」はアリです。

WARNING! 2 「ジャンルもお店もどこでもイイよ！」

自意識過剰な彼らは「任せる」と言われると、「俺、今センス問われてる!! でも、そこで及第点超えちゃう俺！」となってしまいます。ただのメンズ飲み会でも、初デート級の無駄にオシャレなお店を選んでくるでしょう。

WARNING! 3 「ホントあいつって意識高い系だよね！」

意識高い系は、自分たちが意識高い系であることに気づいていません。ですから、あなたも実は意識高い系である可能性も……。他人を意識高い系と認定する前に、我がふりを見直してみましょう。

あるいは、こんなアプローチ

彼らがSNSや謎のパーティーで得たビジネス著名人の名刺コレクションはかなりのもの。そういった努力をほめながら、あえて肩書にハクのある名刺を出し合う"名刺ジャンケン"を挑んでください。きっとあなたが完敗することでしょう。

その他、おぼえておきたいフレーズ集

日本国内じゃ収まらない
器だと思う！

できる人って、
やっぱりそういう人だよね

MISSI

なかなかに生きづらそうな人のほめ方

mission 7-1

自覚しすぎブス

の正しいほめ方

自覚しすぎブスを知る

美 男美女に生まれただけで「人生イージーモード」と言われる現代社会。美男美女は「そんなことねーよ！」と否定するでしょうが、ブスからしてみたら、「ブスの人生ナメんじゃねーよ！」です。

ですから、そこから少しでも抜け出そうと数多くのブ男ブ女はなんとか他でカバーしようと努力しているのですが、中には完全にふてくされてしまう人もいます。それがこの自覚しすぎブス。

マジにコンプレックスなので自称しないのはもちろん、人にイジられたくもありません。イジられたくないがために、彼女たちは総じて攻撃的です。ガンガンにかましていかないと「ナメられたらブスをイジられる」というネガティブ思考全開なのです。非常にめんどくさいタイプのブスだと言えるでしょう。

彼女たちは「ブスが努力してもブス！ がんばってるブスほどイタい！」

と断言し、自らも一切のブスカバーをしません。彼女たちは自分の不運や不遇、不条理、不採用、不義理など「身に降りかかるあらゆる"不"は不細工の"不"がもたらすものだ！」というとてつもなくネガティブな発想から、「ブスは何をしてもムダ」と思い込んでいます。

そのネガティブ思考から、美人に対してはわかりやすく嫉妬します。「性格悪そう」「調子乗ってる」という偏見は、その最たるものです。

さらに、勘違いブスや努力ブスに対しては、その攻撃性が最大限発揮されます。ブス界から少しでも脱却しようとしているブスを見ると、自分ができない嫉妬があまって怒り100倍なのです。

そんな彼女たちの気分を上げるのは至難の業です。ブスを誰よりも自覚しているため、ストレートに容姿をほめても「え？ 何イジってんの？」となって逆効果。容姿に触れることすらNG

見た目でわかる！ 自覚しすぎブスの生態

- 美人への偏見がすごい
- ブスを他でカバーする気はない
- 飲み会には自分よりブスを集める
- すぐ惚れる

です。性格が歪んでいることも自覚しているので、内面をほめても「テキトーなお世辞言っちゃってさ！」と逆効果です。

彼女たちが何の努力もせず"恋愛臭ゼロ"なのは、「必死にがんばってるブスは嫌われる」と思い込んでいるがゆえ。

ほめる際は、それとなく「そんなことないんだよ」と伝えてあげましょう。彼女たちにとっては最上級の救いとなります。さっそく、ほめましょう。

mission 7-1
正しい自覚しすぎブスのほめ方

あんまり恋愛に興味なさそうだよね〜

ポイント | ONE POINT ADVICE
明るく言うと「バカにしてる!」となりかねないので、少し残念っぽく。このあとに「もったいないよ〜」とつく感じで伝えられれば excellent！

同ロジックのほめ言葉

「スキがなさそう」

※「どこが？」というツッコミには「何となく！」で逃げて！

美人、もしくはがんばっている女子にとっては嬉しくない言葉ですが、飾ろうという努力をあきらめているブスには響くフレーズです。

彼女たちの脳内では「恋愛に興味がなさそう」＝「恋愛に興味を持ってもイイ」＝「恋愛にがんばってもイイ」＝「この人は私をブスだと思っていない！」という変換が行われます。

「こんなブスな私が……」という、いつものネガティブ思考は、そこにはありません。

WARNING! 1 「努力すればモテるよ！」

「モテる」と断言するのは、たとえ語尾に「と思う」をつけても言いすぎです。もし真に受けて努力したことが報われなかった場合、「ほら！ ブスはやっぱり何してもムリなんだ!!」となり、責任を取らされかねません。

WARNING! 2 性格や持ち物をほめすぎる

容姿以外をほめればほめるほど、容姿を避けているのが際立ってしまいます。ほめられることに疑いを持っている彼女たちは、特にその辺に敏感。ほめるところがないなら、ムリして探さないほうが無難です。

WARNING! 3 合コンでぞんざいに扱う

合コンの場で、盛り上がって二次会へ行く流れの絶対的ストッパー、それは彼女です。機嫌を損ねて「NO！ 帰る!!」と言えば、女子全員が帰ることになります。特に恋愛トークなど彼女たちが乗れないテーマは要注意です。

 あるいは、こんなアプローチ

「ブスが調子に乗ってる」と思われたくないあまり、自覚しすぎブスは美への努力を放棄しています。ある意味、「自然で気取っていない」と言えなくもありません。そこをほめてあげましょう。ストレートに「いつもナチュラルだよね！」です。

 その他、おぼえておきたいフレーズ集

付き合ったら一途っぽい！

男を見る目ありそう！

アネゴ肌だよね〜！

mission 7-2

ビッチ

の正しいほめ方

ビッチを知る

いわゆるすぐにHをしてしまう女、それが彼女たちです。フリーセックスが当たり前の国であればよいのですが、日本ではすぐにセックスをしてしまう女性は「貞操観念がない」「サセ子」「尻軽」、ヒドいと「ヤリマン」呼ばわりされてしまうほどで、見下されることはあってもほめられることはなかなかありません。もちろん、「どうにかしてHしたい」と思っている男は別です。

彼女たちが"恋愛中毒ちゃん"と違うのは、行為をするにあたって「好き」という感情を必要としない、という点です。

恋愛中毒ちゃんが少なくとも付き合っている、あるいは付き合う前提でHするのに対し、彼女たちは「ヤリたいから」「メリットありそうだから」「終電なくなったから」「暇だから」「頼まれたから」「かわいそうだから」「イヤじゃないから」「なんとなく」など、ありとあらゆる理由でカジュアルにHを楽

しむ傾向にあります。

この理由をよくよく見ると、"ビッチ"と呼ばれる女子には大きく分けて2つの派閥があると言えそうです。1つは、スポーツ感覚で自分からガツガツいくタイプ。いわゆる肉食系です。彼女たちは無尽蔵のセックスエピソードの持ち主です。男女問わず、話をすればきっと盛り上がることでしょう。さまざまなテクニックも学べます。

もう1つは、その気はなかったのに、頼まれたり雰囲気に流されてHするタイプ。一日一善感覚のサセ子系です。男女問わず基本的には優しいので、こちらも友達としては最高です。

第三者から見れば、「どっちもビッチなのは変わらん！」と一刀両断したくなるところですが、彼女たちの中では「Hされてるんじゃない！ こっちがHしてるんだ!!」という肉食系と、「Hしたくてしてるんじゃないもん！」というサセ子系には、相容れない深い溝があるようです。一緒

見た目でわかる！ ビッチの生態

くたに「すぐHできる、Hさせる女」としてしまうと、傷つけたり地雷を踏む恐れがあります。

ほめる際のポイントは、そのありあまる「性への探求心」を「本能」だと言い換えてあげること。「だったらしょうがない」感を出すことで、彼女たちの心を少し、ラクにしてあげましょう。

mission 7-2

正しいビッチのほめ方

本能的な魅力が
スゴくあるんだと思う！

ポイント | ONE POINT ADVICE

ヤリマンには「思う！」と言い切り、サセ子には「思うよ〜」と柔らかい感じで！ ともにうらやましい感じで言えば good！

同ロジックのほめ言葉

「世の中の男は、だいたい
○○ちゃんとHしたいよ！」
※「だいたい」をつけるのをお忘れなく！

女子でも使えるこのフレーズは、同性からほめられる機会の少ない彼女たちにはかなり響くことでしょう。別に彼女とHしたいわけではない男子にとっても、口説いてる感がほぼないため、いやらしく受け止められることはありません。いくら性に開放的だといっても、彼女たちは背徳感ゼロなわけではありません。「"本能的な魅力"って何？」と聞かれたら、「人としての魅力」と答えておきましょう。

WARNING! 1 「しっかりしたほうがイイよ！」

よかれと思って愛ある言葉をかけても、いずれのタイプのビッチにも響きません。「よけいなお世話！ なんか迷惑かけた？」もしくは「それは自分が一番わかってる！」と、険悪なムードになります。

WARNING! 2 「ヤリマン」「サセ子」「ビッチ」は陰でも NG

確実にそうでも、彼女たちの中ではまだ「私ってそうなのかも」くらいの感覚です。ですから、言われるとショックです。陰で言うのも、やめたほうがよいでしょう。

WARNING! 3 「誰でも H させる」というイメージを持つ

傍から見たら「全員OKでしょ？」という目にならざるをえません。けれども許容範囲がかなり広いだけで、いちおう彼女たちの中にも最低ラインがちゃんとあるようです。結果、「誰でも」は失礼にあたってしまいます。

あるいは、こんなアプローチ

勝手に都市伝説を作ってほめてみましょう。例えば「いろんな人とHする子は"あげまん"って聞いたことある！」「(アソコが) 緩くなるっていうけど、実は逆らしいよ！」など。もはやつくりたい放題です。

etc... その他、おぼえておきたいフレーズ集

○○ちゃんと H したくならないほうが不思議だよ！

H に寛容な子って、心も広いイメージ！

mission 7-3

B 型
の正しいほめ方

B 型を知る

「**あ**なたB型でしょ!?」と言われて「え!? 何でわかったの〜? 嬉しい!」なんて人はあまりいません。だいたいの人は「B型だろ！」と言われたが最後、「協調性のない自己中心的わがままクソ野郎と思われてる……」と受け止めないわけにはいきません。B型本人ですら「え？ どこが!? どういうとこが？」とショックを受けがちです。

最近は"B型天才率高くね？"説もあるので、B型のよい印象もたくさん広まってはいますが、日本人の血液型の約4割を占めるA型勢には苦手だと感じている人も多いようです。

何もしていないのに、B型というだけで性格をざっくり決めつけられてしまう、彼らの思考の本当のところはどうなのでしょう？ 彼らはジコチュウでわがまま、周りを振り回すタイプだと思われがちですが、実際はそうではありません。

にもかかわらず誤解されてしまうのは、B型が自分の意見を押し通そうとしてしまうからです。けれども、それは決して自分だけのためではありません。実はみんなのためになる（と思っている）からこそ。この"みんなのため"の実現方法がA型とは違うばっかりに、「苦手だな……」と思わせてしまうのです。

A型は"その時の"みんなの意見を摺り合わせて答えを出しますが、B型は"その時の"ではなく、その先のことを考えて答えを出そうとします。つまり自分の中でシミュレーションした結果の案です。だからこそ、より強めに自分の案を押せるのです。その場をまとめようとするのがA型、先のことをまとめようとするのがB型と考えると理解しやすいでしょう。どちらが正しいかはさておき、です。

また、彼らの"主役になりたい目立ちたがり屋"という特徴も、実はみんなを楽しませたいためだったりします。傲慢に思われて実は繊細で寂し

見た目でわかる！ B型の生態

- 人の話を平気でぶった切る
- 周りにもB型が多い
- 集団でいても自由
- ほめられたい欲がすごい

がり屋なんです。彼らは「血液型別の性格なんて絶対ウソ」とよく言いますが、その否定っぷりは逆にめちゃくちゃ気にしているからこそでしょう。

B型は自由ではありますが、何でも自分の都合中心で考える"ジコチュウ"ではありません。ほめる際は、そこにフォーカスを合わせましょう。

mission 7-3

正しいB型のほめ方

なんだかんだ言って、自分の幸せより人の幸せを選ぶ人だよね

ポイント | ONE POINT ADVICE

ひとしきりB型の性格イジリが終わった時を見計って、まとめるように言うとgood！「なんだかんだ」を忘れずに!!

同ロジックのほめ言葉

「結局、一番周りのこと見てるの○○くんだよね」
※具体例もお忘れなく

こ のフレーズで「わかってくれてる〜」と喜んでもらいましょう。ギャップでより効果的に響かせたいなら、フレーズの前にB型のマイナスなB型っぽいところを並べ立てましょう。すねさせたり怒らせたりしない程度にです。「そうなのかな〜」と落ち込ませてしまってもダメです。せっかくのフレーズも慰めにしか聞こえません。抵抗する元気がある時に放てば「それ〜!! わかってる〜！」とハグされることでしょう。

WARNING! 1　抽象的にほめる

B型は興味のあることを知りたくて仕方がありません。そのため抽象的なほめ方をしたら、「どこが？ どういうとこ？ なんでそう思うの？」とグイグイ来ます。具体例の有無がポイントです。

WARNING! 2　「それ、みんな言ってるよね！」

B型は「みんなと同じ」をとても嫌がります。常に個性的でありたいと思う彼らに「みんなと同じ」はNGです。買ったばかりのものでも使わなくなりますし、それをよいと思った自分に凹んでしまいます。

WARNING! 3　「それはダメ！」「だからダメ！」「こうしたほうがイイ！」

B型は自分のペースを乱されるのを嫌がるので、よかれと思っていても、細かい指図や注意をすると機嫌を損ねてしまいます。「それもイイけど、こういうのは？」など、ほめつつ誘導してあげましょう。

 あるいは、こんなアプローチ

ほめられるのが大好きなので、どんな言葉でも喜ぶのですが、特に個性をほめるのが効果的です。「そんな人初めて！」「B型だからだよ！」など、「変人」と言われることすら、個性であれば"ほめ"として受け取ってくれます。

 その他、おぼえておきたいフレーズ集

ホントに変わってるよね！

人と注目するところが違う！

○○くんってオンリーワンって感じ！

mission 7-4

貧乳
////////////// の正しいほめ方 //////////////

貧乳を知る

女性が持つ体のコンプレックス第1位と言えば、やはりおっぱいでしょう。肩が凝る、野郎どものエロ視線がウザい、年齢とともに垂れる問題、バカっぽいと思われるetc.—巨乳にもさまざまな悩みがありますが、正しい巨乳のほめ方は「キミのおかげで巨乳のイメージが180度変わった！」です。理由は126ページをご参照ください。

そして巨乳ちゃん同様、貧乳もまた、老若男女問わずイジられるシーンが多いものです。大勢の人から毎日のように貧乳をイジられていれば、コンプレックスにならないほうが無理というもの。

会社なら「セクハラだ！ 訴えて末代まで借金まみれになるくらい慰謝料をむしり取ってやる‼」なんてことも言えますが、プライベートの場でイジられた場合はそうもいきません。貧乳をイジられなくても、決して平穏に暮らせるわけではありません。合う

ブラや水着が見つからない、胸元が開いた服が着られないといったファッション問題の他、寄せて上げてパッドを入れて必死にがんばった結果の「平成の女おっぱい詐欺師」呼ばわり問題まで、恋愛においても悩みは尽きません。世のほとんどの男性がおっぱいはあったほうがよいと思っているがために、ある人よりも不利な戦いを強いられているのです。中には「小さいほうが好き！ ちっぱい万歳！」という男性もいますが、少数派な感は否めません。さらには、変態である可能性も拭いきれません。

そんな過酷な状況下にある貧乳たちの心を癒やすのは、もちろんほめ言葉しかありません。とはいえ、あなたが男子ならセクハラにつながりかねません。巨乳ちゃんならイヤミに取られるかもしれません。プライベートでデリケートな問題だけに、かなりピリついている貧乳たち。その内面には、かなりの地雷が埋まっている

見た目でわかる！ 貧乳の生態

と踏んで事に当たりましょう。

　ほめる際は、「巨乳＝バカ」という世間のイメージを逆手に取って、「貧乳＝バカじゃない、むしろクールでデキる女」というニュアンスを漂わせるとよいでしょう。貧乳を意にも介さないトップモデルを見るような眼差しを意識してください。

mission 7-4

正しい貧乳のほめ方

知的でクールな感じがするよね！

ポイント | ONE POINT ADVICE |

バカにしたように見えてしまうのでニヤニヤ厳禁！
少しすっとぼけた感じで言えると good!!

同ロジックのほめ言葉

「クールでデキる女って感じがする！」
※「スーツをかっこよく着こなしそう！」でも OK！

注 意したいのは、ここではっきり「モデルっぽい」と言ってしまうと、おっぱいだけでなく体の細さや足の長さまで対象に含まれてしまうということ。そうなるとウソになってしまう可能性も80％程度まではね上がるので、イメージだけを抽出しましょう。ポイントは、「貧乳だからこそ」を立たせること。でなければ、ただその人をほめただけにすぎません。貧乳を気にしている素振りを見せてきたら、すかさず放ちましょう。

WARNING! 1 「貧乳って逆にエロいよね！」

エロさとは無縁の貧乳を「逆にセクシー」と伝えるのはアリですが、それは女性に限っての話。男性がこれを言うと、ロリコンに代表される"変態趣味の人"認定をされてしまう危険性があります。

WARNING! 2 「手のひらに収まるくらいがちょうどいい！」

そもそも手のひらに収まるサイズすらありません。彼氏でもなければ、付き合う可能性もなさそうな人に言われても、ちっとも嬉しくありません。「形がイイ」も服の中を想像されているようで気持ち悪いのでNGです。

WARNING! 3 巨乳ちゃんのあとに貧乳をほめる

もし巨乳ちゃんと同列でほめることになった時は、貧乳からほめましょう。巨乳ちゃんからだと、どうしても必死にフォローしているように受け取られがちです。貧乳の哀しみと悔しさを増す行為は控えましょう。

 あるいは、こんなアプローチ

顔とのバランスをほめるのも効果的です。例えば「知的（クール）な顔立ちと合ってると思うけどね」と言われて、イヤな気持ちになる人はいません。バランスのよい加減はこちら次第。ある意味、言いたい放題です。

etc... その他、おぼえておきたいフレーズ集

え!? それユニクロ？
全然見えない！

メガネが似合いそう！

年下にモテそうだよね！

mission 7-5

アラサー処女

の正しいほめ方

アラサー処女を知る

厚生労働省の2010年度調査によると、30代未婚女性の約4人に1人が「性体験をしたことがない」そうです。範囲をアラサーにまで広げれば、その割合はさらに増えるでしょう。

アラサー処女の外見は、その理由を推測して、なかなかのブスを想像されがち。けれども実際は、普通の人が多いようです。ずっと処女だった理由は、「ブスだから」ではないのです。かといってオタクでもないし、コミュ障でもありません。中には恋愛経験はあって「彼氏がいた」という人もいたりします。

だったら、どうして処女なのか？ そんな疑問に対して、彼女たちは一様にこう言います。「こっちが聞きたいわ！」と。

そういった事実から推測するに、彼女たちは純潔を守りたくて守っていたわけではない、と言えそうです。むしろ、なるべく早く経験したいと思って

います。処女であることを恥じているのです。そのため、その事実を女友達にすらカミングアウトしていない女子さえいます。そしてその胸の内は、想像に難くありません。

例えば合コンに行って、恋愛トークになったとしましょう。「今まで何人と付き合った？」とか「いつまで彼氏いた？」といった非処女前提トークが繰り広げられる中、「ゼロ！ しかも処女‼」と言えるようなら、それはアラサー処女とは別の生き物。アラサー処女は奥手で小心者なのです。

合コンでの選択肢は、無口になるか"ウソ恋愛トークマシン"になるか、のみ。そういった経験を繰り返すうち、自然と合コンからは足が遠のき、仲間内では"ノリの悪いコ"というレッテルを貼られてしまうのです。

よしんばカミングアウトできるタイミングがあったとしても、「マジかよ…重いよ……背負えねぇよ……ってか、イチからいろいろめんど

見た目でわかる！ アラサー処女の生態

- 彼氏いない歴10年以上
- そこまでブスではない
- 性的魅力がゼロ
- 下ネタが苦手

くせぇよ…」なんて男子に思われたら……そう考えると、正直に言うこともできません。そうやってタイミングを逃し続け、何も行動できない状況がここ数年。年を重ねるごとに、奥手で小心者な傾向はヒドくなっていき、気づいたら30歳、というわけです。

そんな彼女たちをほめる際は、"アラサー処女"という状態を、ポジティブに考えられるようにしてあげること。そうやって自信さえつけば、受け入れてくれる男性も現れるはずです。

mission 7-5
正しいアラサー処女のほめ方

なんでもっと自慢しないの!?自慢したほうがイイよ!

ポイント | ONE POINT ADVICE

不思議さ・もったいなさ・うらやましさを3:3:4の割合で訴えかけるように伝えるとgood!

同ロジックのほめ言葉

「絶対、信じてもらえなくない!?
世の中の男、何してんの?」
※しつこいと「バカにしてる」と思われます。
強めのフレーズで数は少なく!

自分の状態に、彼女たちは羞恥心を抱いています。「人と違う」ということに、不安を覚えてさえいます。けれども人と違うということは、"貴重"だったり"特別"だったりするということ。そう考えられれば、むしろ自慢できるポイントになるはずです。誰でも、処女を卒業するのは人生で1回限り。自分が二度と経験できないイベントへの参加チケットを持っていることに対してのうらやましさを、ぐっと引き立ててあげましょう。

WARNING! 1 「処女はちょっと、めんどくさいな〜」

彼女たちの希望を断ち切らないでください。「全然気にしない、むしろそっちのほうがイイっていう人、いっぱいいるよね」と肯定的に答えてあげるのがマナーです。自分が童貞だった頃を思い出しましょう。

WARNING! 2 下ネタトーク

処女であることに引け目や恥ずかしさを感じていない若い女子相手ならともかく、奥手、真面目なアラサー処女ちゃんにはやめておいたほうがよいでしょう。盛り上がれば盛り上がるほど、置いてけぼりにしてしまいます。

WARNING! 3 「なんで!? ウソでしょ？ なんてなの!?」

本人たちも、アラサー処女になりたくてなっているわけではありません。明確な理由があるなら、本人が一番知りたいでしょう。不思議がれば不思議がるほど、自信を失うので冷静に受け止めてあげてください。

あるいは、こんなアプローチ

処女だということは、浮気も未経験ならノリでのワンナイト・ラブもしていないということ。基本的には真面目でピュアな人たちです。処女だから経験のないことを「処女」抜きで考えればほめどころ満載です。

その他、おぼえておきたいフレーズ集

お上品さがありすぎるんじゃない？

「守りたい！」って感じがする！

100パー、イイ彼女になるよ

mission 7-6

若いのに
おっさんくん
の正しいほめ方

若いのにおっさんくんを知る

20代前半〜30代前半という男子としては一番ピークなお年頃なのに、ファッション、笑い、贈り物のセンス、頭のカタさ、口癖、行動パターンなど見た目以外、まんまおっさんなのが、この"若いのにおっさんくん"です。

立ち上がる時は「よっこいしょ」、お風呂につかったら「あぁぁぁぁ……」といった無意識の発声も多く、周囲からは事あるごとに「オヤジくせー!」「おっさんかよ!」とツッコミを入れられています。こういった"おっさん化"は、一度始まると不治の病のようなものでもう治りません。無意識なのですから、さもありなんです。では自覚できたら治るのかというと、それもムリ。おっさん化すると脳の検閲がゆるゆるのガッバガバ、「恥ずかしい」という感情がなくなるからです。

もう1つ、"生きるのが楽になる"という点もおっさん化に歯止めがかか

らない要因だと言えます。思ったことを我慢することなく全部口に出したり、猛烈にくだらないダジャレでも平気で言えたり、人前でおならができたり、部屋着でボロボロのママチャリに乗って繁華街をチャリブラできるのは、そのため。乞食とおっさんは、3日やったらやめられないのです。

ちなみに"おっさん"と名づけはしたものの、これは男子だけに限ったことではありません。女子でも、このようなステータスの人はたくさんいます。女子の場合は、周囲がツッコミを入れるというより引いてしまいがち。そのせいか、男子よりもさらにハートの強い猛者が多いようです。いずれの性別にせよ、彼らは親戚のおじさん的な気さくさと心の広さを持ち合わせています。仲よくなっていれば、いろいろ頼れたりするシーンもあることでしょう。

ほめる際は、"おっさん"というワードを"大人の男性"に変え

見た目でわかる！ 若いのにおっさんくんの生態

- 笑いのセンスが古い
- 全体のカラーが茶色い
- お似合いの彼女がいる
- なぜか子供に好かれる

つつ、その独特な安定感にフォーカスするとよいでしょう。この"大人"という響きには"シブさ"や"かっこよさ"がニュアンスとして含まれています。彼らは今まで「おっさん！」以外のワードでツッコまれたことがないため、心にぶっ刺さること間違いなしです。

mission 7-6
正しい若いのにおっさんくんのほめ方

センスが（同世代より）大人すぎるよね

ポイント | ONE POINT ADVICE

とにかく"すぎる"を強調し、呆れた感4：驚き6の配分で伝えられればスーパー excellent！

同ロジックのほめ言葉

「でも、楽しい大人のイメージって○○くんみたいな人じゃない!?」
※周囲が「また出たよ、おっさん」的なツッコミをしたら、すかさず投下です

彼らは"おっさん"なのではなく、"大人"が"すぎる"だけです。言い換えるだけで、一気に印象がよくなるはず。もしも「それをおっさんって言うんだよ！」という周囲のツッコミが入った場合は、同ロジックの「でも、私の中の大人ってこういう人！」を合わせましょう。さらに効果的です。調子に乗って「え!? じゃあ付き合ってみる？」的なことを言ってきたら、すかさず「それはムリ」と即答を。

WARNING! 1 「おっさん！ おっさん!!」と言いすぎる

ツッコミは"おじさんっぽさ"が出たら使うべきであって、あだ名を「オヤジ」にしてしまったり、何もしていないのにただイジるためだけに言うのは控えましょう。

WARNING! 2 おじさんキャラを受け入れすぎる

ツッコミすぎないのも大切だけれど、逆に受け入れすぎると調子に乗るタイプ。ダジャレや下ネタがめんどくさいほど飛んできます。「調子に乗ってるな」と思ったら、真顔で「もうイイし」と突き放しましょう。

WARNING! 3 プレゼントを任せる

みんなから渡すプレゼントなどは、彼らにチョイスを任せないほうがよいでしょう。センスが古いので、何とも言えないモノを買ってきます。頼まざるをえない場合は、商品名はもちろん、カラーまですべて指定しましょう。

 あるいは、こんなアプローチ

彼らは現時点ですでにおっさん。数年前も数年後も、あまり変わりはしないでしょう。それを「安心感」とか「安定」、あるいは「変わらない」という言い方で表現すると、自然とほめ言葉になります。「おっさんでよかった！」となるのです。

etc... その他、おぼえておきたいフレーズ集

一緒にいると落ち着く！

いいパパになりそう！

ハマる人はハマりそう！

mission 7-7

マザコン

の正しいほめ方

マザコンを知る

母親が選んだ服（靴下・パンツは9割）を着て、何かわからないことや困ったことがあったらすぐに母親に電話で相談。1人暮らしの家には月イチで母親が視察に現れ、一通りの掃除をしてくれる。話すエピソードには何かと母親が登場する、携帯電話の着信は友達＆恋人3：母親7。ご飯を食べに行ったら母親の手料理がいかにおいしいか自慢、予定は母親との用事を優先etc.──マザコンの特徴を挙げればきりがありません。

マザコンに対する女子の印象を一言でいうなら、「マジでキモい」でしょう。さらに、結婚するとマザコンの母親がモンスター姑化しそう、いや、絶対するという恐怖もあります。そのため、一般的な女子は恋人、結婚相手にマザコンを好んでは選ばないという傾向もあるようです。

そして、そのマザコンぶりがアダとなって、友達関係が微妙になる場合もあります。何でも母親が決めてくれる環境に慣れてしまったせいで優柔不断＆他人任せ、甘やかされてきたせいでわがまま＆ジコチュウ、食べたいものだけ食べてきたせいで好き嫌いが激しいなど、たとえ彼らと恋人関係になくても、誰しもが「こういうとこ、直してくれるとイイのになぁ……」と思うことでしょう。

彼らがそうなってしまった理由は、各家庭の事情によりさまざま。一概には言えません。理由はどうあれ、幼少期から積み重ねてきた歴史を覆すのは、そう簡単なことではありません。それでも軽度の場合は、改善の余地があります。

マザコンの自覚がなく、自分を「人より、ちょっと母親思いなだけ」だと思っている人には、「ちょっとマザコンっぽいよ」と注意してみてください。「え!? マジで？」と心底驚いて、直そうとするパターンもありえます。一度ジャブで反応を窺ってみる価値はあるでしょう。

手料理にうるさい

好き嫌いが多い

見た目でわかる！ マザコンの生態

ファッションセンスがどこか古い

農家でもない実家から月イチで米が届く

とはいえ、日本人、特に女性はマザコンに敏感すぎ、キモがりすぎです。外国映画を観るとわかりますが、外人なんてマザコンばかり。ハードロックバンドが「お母さん大好きソング」を歌っていたりするほどです。"母親思い"と"母親依存"は、はっきりと分けて考えるべきでしょう。

MISSION 7-7
正しいマザコンのほめ方

アメリカの家族みたいでイイね！！

ポイント | ONE POINT ADVICE

「ちょっとかっこいいじゃん！素敵じゃん!!」というニュアンスを込めて羨みましょう。

同ロジックのほめ言葉

「日本人の親子っぽくないよね！」
※君たち親子の関係は日本の枠組みでは語れない、というニュアンスで

他人として見たらキモいかもしれない彼らの母への愛情ですが、海外ではマザコンが当たり前。「アメリカっぽい」というニュアンスを押し出すだけで、マザコンが嫌悪すべき対象ではないということを周囲にも知らしめられます。そしてこれは、ファザコンちゃん、シスコンくんなどにも使えるフレーズです。愛される家族の立場になったら、マザコンたちの気持ちも少しは理解できるかも。少しは、ですが。

WARNING! 1　母親のやり方を否定する

彼らの正解は母親です。それが間違っていても「いや、母がそう言ってるから」と曲げません。いくら「違う！」と言っても、そこは本当に頑固です。言い争いになる前に、気の済むまでやらせましょう。

WARNING! 2　頼まれたことを断らない

彼らは甘え上手のおねだり上手。あなたが年上なら、そういうところに母性本能をくすぐられ、ついつい聞いてあげてしまうかもしれません。けれども、どんどん調子に乗ってきます。

WARNING! 3　「やってくれてるだろう」という期待

例えば、いい年した男子にご飯に誘われたら「行く店も決めてるし、予約もしてくれてるだろう」と思いがちです。けれども、彼らは何もしていません。むしろ「何でもイイよ！決めて!!」スタイルで登場します。

あるいは、こんなアプローチ

母親を羨ましがることは、イコール彼自身をほめることです。あれやこれやの母親自慢やエピソードを聞いたら「○○くんみたいな息子なら、お母さん幸せだね！」と、息子に愛されない母親の気持ちになって言ってあげましょう。

その他、おぼえておきたいフレーズ集

女の人に優しそうだよね

実は意外に頼りになりそう！

育ちがイイ感じ、出てるよね

MISSI

ほとんど病気な人
のほめ方

mission 8-1

恋愛中毒ちゃん

の正しいほめ方

恋愛中毒ちゃんを知る

恋をするのはとても素晴らしいことですが、聞くたびに彼氏や好きな人が違ったり、そういう人がいなかったら、「誰かイイ人いない〜？」と紹介の催促をしてくる人がいたら、それは恋愛中毒ちゃんです。

彼女たちは恋をしていないと落ち着かないらしく、「イイなぁ」から「好き！」へのストロークが非常に短く、言われるがままにすぐ付き合います。ですからすぐにそれが勘違いと気づくことも多く、「あの時、ちょっとおかしかった！」と、些細なきっかけですぐに別れがちです。

よいと思う相手がまったくいなければ、言い寄ってくる人と「とりあえず」で付き合うこともよくあります。けれども、これも1週間くらいで気持ちが盛り上がらなければ早々に「やっぱムリだった」と突然の別れを告げたあげく、付き合った人数にカウントすらしません。「幸せな恋がした〜い！」なんてかわいい発言をしながらも、電話帳、手帳、記憶ごとゴミ箱に捨てる、非情さと切り替えの早さを併せ持っているのです。

長く付き合う相手もいますが、すぐに同棲を始めて1〜2年でマンネリ化してしまい、浮気に走りがちです。もちろん、選んだ男にも原因があるのは言うまでもありません。

とにかく付き合うのも同棲するのも、結婚を約束するのも電光石火な彼女たちですが、付き合う前にHしてしまうのも特徴です。本人は付き合う前提なのですが、ひと月ほど曖昧な関係のまま遊ばれて終わることも少なくありません。

"恋愛中毒"というほどですから、好きになった男の数も付き合った人数も豊富なのは言わずもがな。ドラマや映画、本、マンガも恋愛系ばかりを好みます。けれども、まったくそれらを活かせないのが悲しいところ。純粋すぎ、信用しすぎ、理想を求めすぎて、超がつくほど恋愛下手

見た目でわかる！ 恋愛中毒ちゃんの生態

- 本棚は恋愛エッセイだらけ
- すぐ浮気する
- 付き合う前にHしちゃう
- 次がいないと別れられない

な人たちです。

　もちろん彼女たちも「これでイイのだ」とは思っていません。自身の"惚れっぽさ"や"恋愛依存症っぷり"に内心は首を傾げているのです。その生き方を「よい」とも「悪い」とも言わず、抽象化してほめてあげることが、気持ちよくさせるポイントです。

mission 8-1
正しい恋愛中毒ちゃんのほめ方

でも、ホント
出会いを大事にする
生き方してるよね

ポイント | ONE POINT ADVICE

純粋に「尊敬の意」を込めて伝えましょう。「ちょっとは見習いたいわ」をつけてもよいでしょう。

同ロジックのほめ言葉

でも、きっと愛の量が
普通の人より多いんだね
※「愛が多い人」と言われて悪い気がする人は
まず、いないでしょう

彼 女たちにとって、このフレーズは「出会いを大切にする」とほめられているだけでなく、「悪いことではないんだ!」という救いの言葉にもなりえます。「でも」という一言がマストなのは、「また違う人!?」「付き合うの早くない!?」など、恋愛現状報告の時点で否定的なリアクションを高確率でとってしまうから。けれども、それがかえって好都合。自然とほめの鉄板テクニック「落として持ち上げる」に当てはまるのです。

WARNING! 1 「それだけイイ出会いをしてるってことだね!」

本当にイイ人と出会っていればすぐに別れたりしません。そこに気づかれたら、逆に悪い出会いしかしてないということを自覚させてしまいます。「どこが!?」と聞き返されたら、返す言葉もありません。

WARNING! 2 「ちょっとくらい間を空けたほうがいいんじゃない?」

「どうせまた同じ結果になる」と決めつけるのはよくありません。その出会いがすぐ終わるかどうかは、現段階では誰にもわかりません。相手のことを知っているならまだしも、無責任な否定はNGです。

WARNING! 3 仲のよい男友達を紹介する

ちょっとダメだったらすぐに別れるし、浮気する可能性もあるので、仲のよい友達に紹介するのは、あとあと間に挟まれて面倒なことになる可能性大です。やめておくのが無難でしょう。

 あるいは、こんなアプローチ

結果がいつも残念なことになったとしても、それだけいろんな人と付き合えるということは、けっこうモテるということです。彼女のモテる魅力を探してシンプルにそこをほめるのも効果ありでしょう。

 その他、おぼえておきたいフレーズ集

その出会い運、ちょっと分けてよ〜

私もあなたに惚れられたい!

めっちゃ純粋だよね

MISSION 8-2

欲しがりちゃん

////////////////// の正しいほめ方 //////////////////

欲しがりちゃんを知る

自分のものを人に「イイなぁ～！」と羨ましがられるのは優越感を得られて気分がよいもの。裏を返せば、「イイなぁ」は相手をほめる時や太鼓を持つ時に使い勝手がよいフレーズということになります。この「イイなぁ」を使い倒しているのにもかかわらず、誰の気分もよくしない人々がいます。それが、この"欲しがりちゃん"です。

彼女たちの「イイなぁ～！」は、必ず「ちょうだい！」とセットです。これをどうスルーするかに頭を悩ませている方も少なくないでしょう。欲しがりちゃんたちは"何でもいいから、とにかくタダでゲットできるチャンス"を狙っています。ですから、間違っても彼女たちの前で「イマイチ」とか「思ってたのと違う」などと口を滑らせないようにしましょう。すぐに「ちょうだい」攻撃のスイッチが入ってしまいます。買ったばかりのものを「イマイチ」と言ったからといって、それ

が「タダであげてもよい」とはならないのに、彼女たちはそれを理解していないのです。面倒なのを我慢してちゃんと説明しても、「でも、満足してないんでしょ？ だったらくれてもイイじゃん！ ケチなの!?」となります。なぜかこちらが悪者な感じすら漂わせてくるのです。

彼女たちは「ちょうだい攻撃」をしてくる一方で、こちらの「ちょうだい」に割と応えてくれたりもします。あなたが欲しいものを相手が持っている可能性は低いかもしれませんが、持っていた場合は「あげるから、あなたもそれをちょうだい」という物々交換する関係になるのもアリです。

ちなみに、「イイなぁ」からの「ちょうだい！」コンボは、何もモノだけが対象とは限りません。彼女たちは、友達の恋人や好きな人も欲しくなってしまうのです。ここまできてしまうと、それまでの人間関係は壊れたも同然。

見た目でわかる！ 欲しがりちゃんの生態

- 口癖は「ひと口ちょうだい！」
- すぐ人に聞く
- 甘え上手の年上キラー
- ファッション泥棒

そうなる前に、うまく「ちょうだい攻撃」をかわしつつほめ倒して、ちょうどよい距離感をつくりたいものです。

ほめる際は、断るほうも断られるほうも決して気分よく終わらないことが多い「くれ」「ムリ」のやりとりをスムーズに終わらせるフレーズがよいでしょう。

mission 8-2
正しい欲しがりちゃんのほめ方

え〜……○○ちゃんから「欲しい」って言われたら、もったいなく思えてきた！

ポイント | ONE POINT ADVICE
嬉しい悲鳴っぽく、かつ「もったいない！」を強めに出しましょう。

同ロジックのほめ言葉
「○○ちゃんのセンスって絶対正解だから、後悔しそうなんだよな〜」
※上記とセットで使うとより効果アップ

断る言い訳にもなり、同時に彼女のセンスもほめるという一石二鳥のほめフレーズです。ポイントは、断る理由を欲しがりちゃんのセンスの高さのせいにするという点。欲しがれば欲しがるほど断られる可能性が高まってしまうため、彼女もいつもみたいにグイグイとは来られなくなります。"彼女が欲しいと思った！＝価値が上がった！"をとにかくアピールし倒したら、「だからちょっと考えさせて！」でシメましょう。

WARNING! 1 「なんか、○○のセンスって変だよね」

これを日頃から彼女たちに言っていると、「センスのよいあなたに言われたから価値が上がった」というロジックが成立しなくなってしまいます。欲しがりちゃんだと判明したら、日頃からセンスをほめていきましょう。

WARNING! 2 他の人にあげる

彼女が「欲しい」と言っていたのをすっかり忘れて他の人にあげてしまう……というのは、やってはいけない行為の最たるものです。バレたが最後、「この人、ヒドいんだよ！」と完全に悪者にされてしまいます。

WARNING! 3 一度も欲しがられたことがない

これは彼女たちのことではなく、あなたのことです。なんでも欲しがりな彼女たちにすら何も欲しがられないとなると、よほどセンスがないと思われている可能性大。ちょっとは欲しがられましょう。

 あるいは、こんなアプローチ

彼女が若くてかわいければ、おじさんたちはきっとメロメロです。容姿を度外視しても、おじさんウケは悪くないでしょう。そして、彼女たちも少なからずそれを自覚しているはず。そこを「年上ウケがめっちゃよさそう！」とほめてあげましょう。

 その他、おぼえておきたいフレーズ集

おねだりの仕方かわいい！

甘えるのうまいよね

絶対オヤジキラーになれるよ！

MISSION 8-3

遅刻魔

の正しいほめ方

遅刻魔を知る

ち ゃんと時間通りに来ることが奇跡なほど、遅れてくることがデフォルトなのが、遅刻魔です。彼らの遅刻は遊びから仕事までオールラウンド。チケットを取ってしまった映画やコンサートから予約しているお店まで、遊びの時もたいがい困りますが、大事な会議や取引先との商談でも問答無用です。

彼らが予定通りの時刻に現れない理由は大きく分けて3つです。1つは、あなただったら「許してもらえるだろう」という甘えにあります。完全にナメられている、と言ってもよいでしょう。上司やめっちゃ怖い人との待ち合わせにだけ、ギリでも時間通りに来るのであれば、間違いなくこれです。

もう1つ、"そもそもの時間計算がゆるゆる"というパターンもあります。この場合、出かけるための準備をするスタート時刻は予定通りです。けれども準備にかかる時間を甘く見積もっているため、少しずつ遅れが生じ

てしまいます。3分で顔を洗って歯を磨くつもりが5分かかり、5分で服を着て身だしなみを整えるつもりがなんだかんだ選ぶのに時間がかかって10分かかり、家から5分で駅に着いて電車に乗るつもりが駅に着いてホームまでさらに3分かかってしまう……すでに予定より10分遅れています。これに忘れ物を取りに往復するコンボが加わって、彼らは30分遅刻するのです。

最後の1つは、まさかの"最初から遅刻するつもり"パターンです。特に忙しいというわけでもないくせに「集合時間に家を出ればイイや」という謎の思考で、待ち合わせ時間の5分後に「ごめん！ 遅れる!!」と連絡してくるわ、それでもコンビニに寄ってから来るわで、周囲の誰もがあきらめていることでしょう。

遅 刻魔は待ち合わせだけではなく、仕事の締め切り、メールの返信なども遅れます。監視しながら目の前でやらせる以外、対処のしよう

がないため、任せることはおろか、ちょっと頼むことすらできません。

彼らの「あとでやっておく」は、100%やらないフラグだと思ってよいでしょう。

彼らをいくら怒っても、まぁ直りません。「遅刻したらご飯おごることね！」といった具合に、彼らが遅刻すると損をするペナルティを課すとよいでしょう。遅刻が減れば万々歳、最悪ご飯はおごってもらえます（失われた時間は取り戻せないけれど……）。

mission 8-3

正しい遅刻魔のほめ方

ちょっと！楽しみだった時間が減っちゃったじゃん！！

ポイント | ONE POINT ADVICE

やや怒りを込めつつ、相手にかかわらず「好きな人とのデートが台なし！」という感情で言うと good！

同ロジックのほめ言葉

「あぁ、楽しみ200%だったのが170%になっちゃった…」

※言っている内容とテンションのギャップがつけばつくほど good!! 失った％を取り戻すべく、がんばってくれるでしょう

「**す**ごく楽しみにしてた！」という好意が含まれているこのツンデレほめフレーズには、「何か埋め合わせしないと……」と思わせる効果もあるのがポイントです。すぐに移動する状況でなければ、そのままカフェに入りましょう。100%おごってもらえます。別れ際、「遅刻しなかったらあと○分は楽しめたのにな～」と追い打ちをかければ、次の遅刻を抑止する効果も期待できます。

WARNING! 1　チケットや鍵など、予定に必要なものを持たせる

予定に必要な重要アイテムを持たせた状態で遅刻されてしまうと、「最悪、先に行く」という選択肢がなくなります。遅刻魔は常に"最悪、遅れても支障のない人"ポジションにしておきましょう。

WARNING! 2　遅刻してきたと同時に説教！

怒りたい気持ちはごもっともですが、ただでさえ遅れているのにそこに説教タイムまで加わるとさらに時間をロスしてしまいます。怒るなら、すべてが終わったあとにしましょう。

WARNING! 3　連絡係をさせる

そもそも彼らに何かを担当させること自体がNGです。特に連絡係なんてやらせようものなら、ギリギリまで連絡してこない率は100％。彼が連絡係になっていたら、目の前ですぐ全員に電話させましょう。

 あるいは、こんなアプローチ

「遅刻したから、帰る時間は延長だね！」という、ほめ方もあります。プライベートなら、「そんなに"一緒にいて楽しい"って、思ってくれてるんだ！」と受け取ってくれます。相手が仕事関係の人であれば、次なる遅刻への抑止力になります。

 その他、おぼえておきたいフレーズ集

主役は遅れてくるって言うもんね～

もはや遅刻しない○○は
○○じゃない！

mission 8-4

ウソつき

の正しいほめ方

ウソつきを知る

ひ と口に"ウソつき"と言っても、タイプはそれぞれです。「昔、めちゃめちゃ悪かった」(不良グループの端っこにいただけ)、「○×にコネがある」(名刺をもらったことがあるだけ)、「芸能人とは飲み友達」(たまたま同席したことがあるだけ)……といった虚言にまみれた"ハッタリタイプ"は、基本的に自滅型だと言えます。いつの間にか姿を見かけなくなるケースが多いでしょう。とはいえ、周囲がピュアでダマされると、稀にけっこうなポジションを勝ち得てしまう場合もあります。

自分に自信がないからウソをつく"知ったかぶりタイプ"は、「あぁそれね。いいよね!」(本当は初耳)が口癖です。その他、ほめられたい、注目を浴びたい、すきあらばマウントを取りたい、やましいことを隠したい、もはや癖etc.──ウソをつく動機やタイプに違いこそあれ、基本的に彼らは総じて"プライドが高い人"だと言える

でしょう。

とにかくナメられたくない彼らは、できるだけ自分を上に見せるようなウソをつきます。芸能人と友達ではない、知らないことがある、といった理由で相手を見下すような人はあまりいない(たまにいますが)にもかかわらず、です。かなり自意識過剰すぎる人だとも言えるでしょう。だからこそ、飲んだことのないジュースを「飲んだことある!」と言い張るなど、本当にしょうもない、どうでもよいことでウソをつくのです。

とはいえ、イラッとしてウソつきに「それウソだよね?」なんてツッコんではいけません。めっちゃくちゃムキになって反論されます。彼らのプライドは、薄っぺらいけれど高いのです。そうなると場の空気も変な感じになるので、大人としてはスルーしてあげるしかありません。

彼 らはそもそもほめられたい願望が強いにもかかわらず、日

見た目でわかる！ウソつきの生態

頃のウソつき三昧がアダとなって、誰もほめてはくれません。ほめるととても喜んでくれるので、ほめ甲斐は十二分。ほめフレーズは、定期的にほめてすり込むことで、ウソをつきにくくする効果があるものがよいでしょう。何度も言い回しを換えてすり込んでいきましょう。

mission 8-4
正しいウソつきのほめ方

根が純粋だから、
ウソつけないタイプだよね

ポイント | ONE POINT ADVICE
天真爛漫、キラキラした感じで、前に「それにしても」をつける感じで言えると good！

同ロジックのほめ言葉
「性格的にウソつくのが
ムリそうだよね！」
※一発ウソをつかれたあとに、「ホントに!? あ、でも」をつけて言い放ちましょう

確実に響くのが、"わずかばかりの純粋さ"にフォーカスしたこのフレーズです。基本的に、"ウソつき"認定している時点で、あなたにウソは通用しないはず。そのことを理解してもらうためにも、「まさかウソはつかないよね」という圧を同時にかけるのです。「でも"純粋"って……それこそ、ウソじゃない？」と思う方がいらっしゃるかもしれませんが、"根が純粋"というのはだいたいの人がそうなので、ギリセーフです。

WARNING! 1 過去の栄光で盛り上がる

ちょっとヤンチャな思い出話で盛り上がることもたまにはあるでしょう。けれども、そこで彼らの見栄っぱりスイッチが入ってしまいます。過去を知っている人がいないと、ウソ武勇伝がとめどなくあふれ出ます。

WARNING! 2 彼らにウソをつく

あらゆるウソをつきまくっているので、ウソつきの心理やパターンは熟知しています。それゆえに、彼らは人のウソをすぐに見破ります。しかも決して見逃してはくれず、「絶対ウソ！」とツッコんできやがります。

WARNING! 3 ウソつき裁判を開廷する

彼らのウソによって実害が出た人がいたら糾弾してもよいのですが、自己満足のウソを暴いたところで、場の空気が悪くなるだけ。そして、さらなるウソを聞かされるだけ。時間と体力の無駄です。スルーしましょう。

あるいは、こんなアプローチ

基本的にほめられたい人たちなので、どんなほめフレーズでも響きます。バレバレのウソでも、大きなリアクションで驚きまくれば、デレデレになってくれることでしょう。頼みごとやお願いがある時などは、とにかくほめ倒すに限ります。

その他、おぼえておきたいフレーズ集

○○くんなら１回くらいダマされてもイイかな

ウソ見抜くのうまいでしょ？

君にはウソつけないんだよな〜

MISSION 8-5

偽サバ子

の正しいほめ方

偽サバ子を知る

こ数年、女子の間で「かっこいい！」と憧れの対象になっているサバサバ女子。小さいことは気にしない、言いたいことははっきり言う、男女問わず接し方が同じ……といった要素が、同性に好かれる理由のようです。男子ウケが微妙なのは内緒です。

ともあれ、このような新しいジャンルが出れば類似品、バッタもんが出てくるのは世の常です。それが、この"偽サバ子"。職場や学校、飲み会、SNSなど、あらゆるシチュエーションで男女ともに今、めちゃくちゃウザがられている人たちです。どんなところがウザがられているのでしょう？

1つ目は、「私、男子っぽいから」と自分で言ってしまう点。自分からアピールしている時点で、「あっ」と察せられてしまいます。

2つ目は、"なぜか男子目線"だという点。「女子のネチネチしてるとこが嫌い」「モテるために必死な女子って

ウザい」「ブスは性格悪い」「女子ってどんくさい」etc.——といった具合に、彼女たちは女子批判をすることが多いだけでなく、男子を持ち上げたがります。「男友達といるほうが気をつかわないから楽」とか言われても、男子としては「知らんがな」です。しかも、これを女子にもアピールするのですから、言われたほうからしたら「え!? それ、女の私のことディスってんの？」と思わざるをえません。本当にサバサバしている人なら「女子とか男子とか、分けることこそめんどくさい！ その人の性格じゃん」となるはずなのだけれど、そうはならないのです。

彼女たちの最大のウザがられポイントは、サバサバをアピールしているにもかかわらず、実際は全然サバサバしていないところです。何につけても「全然、気にしない」と、一見サバサバしているように振る舞いつつも、最終的には「私は気にしないけど、世間的には一般論として気にす

見た目でわかる！ 偽サバ子の生態

「感情を表に出したら負け」が信条

趣味嗜好がほぼ年上彼氏の影響

恋人の前ではデレデレ

自分にはない"素直さ"が苦手

る人が多いよね。私はそういうとこ男子っぽいから、ホントに全然なんとも思ってないけど、やっぱり〜」となります。彼女たちこそ、むしろネバネバのネチネチに気にしているのです。

そんな彼女たちは、なぜムリしてサバサバを装うのでしょう。"かっこいいと思われたすぎる"のか、"モテな いことの理由にしたい"のか、"好きな男や彼氏の影響"なのか……おそらくはこのいずれか。もしくは全部でしょう。

mission 8-5

正しい偽サバ子のほめ方

女子の部分がチラチラ出る
ギャップがかわいいよね！

ポイント | ONE POINT ADVICE

上から目線にならないように、キュンとした感じを込めて放ちましょう。具体的なエピソードを加えると so good！

同ロジックのほめ言葉

「でも○○ちゃんの乙女な部分、めっちゃ好きだよ！」
※ "男子っぽい" アピールが始まったらぶつけましょう

「**サ**バサバしてるね！」とほめても喜ぶには喜ぶものの想定内。「よく言われる」で終わってしまいます。彼女は根が乙女なので、ここはあえての「かわいい」です。言われると思っていなかった分、カウンター気味に決まることでしょう。また、「チラチラ出る」を織り込むことによって、「普段は"サバサバ女子"に見えている」と勝手に逆算してくれます。かわいい部分をほめまくることで、「男子っぽいでしょ？」アピールも減るでしょう。

WARNING! 1 合コンに連れていく

男ウケするかわいらしい系の女子が1人でもいたら、同じ空気を吸わせてはいけません。「今、かわいさアピった？」「男ってホントこういうタイプにダマされるよね！」など、モテ女子への毒づきが止まりません。

WARNING! 2 女子会の話をする

女子会に行った、今度行くなんて話をしようものなら、誘ってもないのに「私そういうのムリなんだよね」「何が楽しいの？」「負け組の愚痴とゴシップの発表会でしょ？」となります。

WARNING! 3 サバサバをお世辞でほめる

サバサバ感をかっこいいとお世辞でほめすぎると、調子に乗ってどんどんサバサバし、おっさん女子との境目がなくなってきます。より下品、よりガサツになるので公共の場に一緒に行くと恥ずかしいことになる可能性も。

あるいは、こんなアプローチ

「サバサバ女子を気取っているのに、本当はネチネチ女子」ではなく、「ネチネチ女子なのに、サバサバしているとこもある」と逆転して見てあげれば、印象ががらりと変わるはず。ほめポイントも自然と見えてくるでしょう。

etc... その他、おぼえておきたいフレーズ集

下手な男より、
全然かっこいい時あるよね

○○ちゃんに憧れてるってコ、
けっこういそう！

mission 8-6

スマホさん

の正しいほめ方

スマホさんを知る

どうでもイイ世間話ならまだしも、少し重めの恋愛や仕事の相談をスマホをイジりながら相手してくるのがスマホさんです。知恵袋で解決策でも探してくれているのならまだしも（それもかなりイヤですが）、友人のSNSに「いいね！」してるだけ。相談したことを後悔する率100％のツワモノです。

相談するシチュエーションでなくても、彼らは一緒にいることをいちいち後悔させてくれます。食事に行く際、電波が不安定な店はもちろん、電源の取れないお店は食べログ評価3.7以上でも「却下！」です。

ベストショットが撮れるまで料理を食べさせてくれないのは、まだ序の口。撮影タイムが終わってようやく食べ始めても、すぐさまそれをSNSに投稿するため、「それどこ～？」というコメントへの返信に彼らは没頭してしまいます。他にも一緒にいる人がいれば、まだよいかもしれません。けれども2

人きりだった場合は、そのやりとりが終わるまで、黙々と1人で食べさせられます。

どこか旅行に行けば、肉眼よりもスマホ越しで景色を見ている時間のほうが長いのも特徴です。二度と見返すことがないであろう風景――空、緑、自分の影、目つきの悪い野良猫etc.―そんなベストショットを一通り撮り終えて満足したら、その場の風情、空気を堪能せずにそそくさと移動。その情緒のなさたるや、もはや素材写真を集める業者です。

また、スマホさんはマナーモードに絶対の自信を持っています。映画や観劇でも電源をオフにしません。そのため、静寂シーンでも「ブーン…ブーン……」というバイブ音が響き、着信終了後は通知ランプがピッカピッカ。耳障り＆目障りで集中できないのみならず、こじらせ末期のスマホさんだと、開いて内容チェック＆返信までしてしまいます。

見た目でわかる！ スマホさんの生態

- 家に充電器の予備が何個もある
- 電波がなくても見ている
- すぐ写メを撮る
- スマホを握りしめて歩く

　　自分だけなら、まだ我慢できます。けれども関係のない人にも迷惑をかけるのは本当に勘弁してもらいたいものです。たとえ周囲の席の知らない人が「チッ」という舌打ち攻撃をかましてきても、スマホさんはどこ吹く風。なぜか私たちが、申し訳ない気持ちにさせられます。勇気を出して、それをスマホさんに注意したとしても、決して響くことはありません。何せ、彼らはマナー違反にならないように、"マナー"モードにしているのですから。

mission 8-6
正しいスマホさんのほめ方

○○さん、ほんと
一家に1人欲しいわ～

ポイント | ONE POINT ADVICE
目の前にいるのは"スマホ神"だと思い込むことで、感謝と尊敬の気持ちを込めて放ちましょう。

同ロジックのほめ言葉

「スマホと一緒に
契約させてほしいくらい！」

※スマホさんのスマホマスターっぷりを誰かに
「こんなにすごいんだよ！」とアピールしたあとに！

彼らはスマホを常にイジっているだけあって、機能はもちろん、便利＆おもしろアプリには精通しています。トラブルやわからないことは、だいたい解決してくれるのです。そうなったら、素直に感謝できることでしょう。そこでほめれば、彼らも優越感を得られるのみならずコミュニケーションも取れるはず。スマホをイジりだして、実質1人ぼっちにされそうになったら、質問攻め＆ほめフレーズで対処しましょう。

WARNING! 1　合コンなどの飲み会

誰といようが何人でいようが、彼らはスマホをイジります。みんなでトークが盛り上がり「○○さんはどう思う？」と聞いても「え？ ごめん！ 聞いてなかった!!」となり、いちいち流れを止められます。

WARNING! 2　ゲームアプリでつながる

ゲームアプリで友達とつながっていると、クリアを手助けしたり、プレイする回数が増えたりするもの。どハマりしているスマホさんからは、大量にゲームの通知が届きます。特に深夜が多いので大変です。

WARNING! 3　ながらスマホ

歩きながらスマホに夢中になっていることも多いため、彼らは他の歩行者たちにアタックしまくります。自転車に乗りながら、なんていうかなり危険な人もいます。路上では近寄らないよう、要注意です。

---

one more　あるいは、こんなアプローチ

　スマホ情報を教えてもらったら、「ありがとう」とセットで言い放つと効果的なのが、「説明するの、ホント上手だよね〜」です。たとえ説明するのが少し億劫に感じていたとしても、スマホさんのテンションが上がること間違いなしです。

etc...　その他、おぼえておきたいフレーズ集

"都会の人"って感じする！

知ってること、人より多いよね！

とりあえず○○さんに聞いとけば間違いないね！

MISSI

けっこうヤバい人
のほめ方

MISSION 9-1

酒乱 GIRL

の正しいほめ方

酒乱 GIRL を知る

酒 を飲んだらハイテンションになる、何しても笑う、号泣する、愚痴しか出なくなる、エロくなる、バイオレンスになる、爆睡する、腕相撲を挑んでくる、トイレから出てこない、突然吐く、店員や知らない人たちに絡む、いつの間にか帰ってるetc.——人によってさまざまな症状で周囲に迷惑をかけるのが酒乱GIRLです。たとえ他人に迷惑をかけなくても、財布・携帯・時計を失くす、起きたら青アザだらけでケガをしている、電車を乗り過ごすetc.——失敗談は星の数ほど。それでも彼らは、今日もまた同じ失敗を繰り返します。

なぜ、ベロベロになる前に踏みとどまれないのでしょう？ もちろん、学習能力がないからではありません。いくら飲んでいない時に彼らの酒乱ぶりを伝えても、ほぼ記憶にないため他人事のような感覚なのです。自分が怒られている実感に乏しい、とも言えるでしょう。よしんば"飲みすぎ注意"

を誓ったところで、一杯飲んだらそんなものはすっかり忘れています。イイ気持ちになってしまったら歯止めがきかなくなるのです。

よく言われる「酒を飲んだら人が変わる」というのは、実際にはまったくの別人格が現れるわけではありません。単に抑えていた本性がむき出しになっているだけのことです。これは、普段とてつもないストレスを抱えているのに、まったく吐き出さないことに起因します。温厚な人が猛烈な毒や愚痴をぶちまけたり、しっかりしている人が弱音を吐いて泣きだすなど、普段とのギャップが強ければ強いほど、かなり強めのストレスを溜め込んでいると言えるでしょう。そう考えるとちょっとかわいそうではありますが、酒乱をほめてくれる人などいません。実害を思い起こせば、さもありなん、です。

それでも彼らは、基本的には悪い人ではありません。酩酊中は使い物にならないどうしようもない人たちです

見た目でわかる！ 酒乱GIRLの生態

- 同じ話を20分に1回する
- 突然寝る
- トイレから帰ってこない
- どんなにベロベロでも絶対家には帰れている

が、素面(しらふ)のときは普通の人、いやむしろとてもよい人たちです。仲よくしておいて損はないでしょう。

誰もほめないからこそ、ツボにハマった時の響きっぷりはハンパありません。とはいえ、飲んでいる時にほめてはいけません。気持ちよくなって酒が進んでしまうだけでなく、その後の泥酔とともに忘れられてしまいます。

mission 9-1

正しい酒乱GIRLのほめ方

あのモンスターを普段抑えてるって、ものすごい理性がある人だと思う！

ポイント | ONE POINT ADVICE |

心から感心している感じで言えばgood！ 周囲からの罵詈雑言で凹みきった時を狙いましょう。

同ロジックのほめ言葉

「酔ってる時とはほんと別人だね！」

※酒乱時と素面の時を比較すれば、
ほめるとこだらけです

飲んだ時に現れるのがその人の本性なら、それが普段と違えば違うほど理性で抑えていると言えます。そう考えれば、酔った状態がどんなタイプであれ、全タイプの酔っ払いに使えるほめフレーズです。

できれば、絶賛酒乱中の動画や音声を記録しておき、本人にそのモンスターぶりを見せつけたあとで放ちましょう。言葉だけの注意よりも反省させることもでき、なおかつ落として上げる効果も期待できます。

WARNING! 1 翌日の反省の弁

酔っ払っている時の記憶がないのですから、素面になった時の反省の弁はまさに口先だけです。いくら謝っても絶対に信用してはいけません。今度の週末にさっそく裏切られます。

WARNING! 2 禁酒させる

酒を完全に断たせればよいのかというと、一概にそうとは言えません。飲酒時に出るのはストレスの塊。ですから禁酒させるなら、どこか他にストレスのはけ口をつくってあげないと壊れてしまいます。

WARNING! 3 安居酒屋の飲み放題

飲み放題だと「たくさん飲まなきゃ損」という呑兵衛根性が頭をもたげてしまいます。酒乱GIRLたちと飲む際は、少しお値段高めで大人の雰囲気がするお店を選ぶようにしましょう。

あるいは、こんなアプローチ

酒乱中は面倒ですが、チャーミングなところやおもしろいところも垣間見えるはず。悪いところを最初に注意しておき、最後に1つだけ長所を指摘してあげましょう。彼らはきっと、ほめられた感覚に酔いしれることでしょう。

その他、おぼえておきたいフレーズ集

飲まなきゃ、本当イイ人！

鉄の肝臓だね

おいしい店、いっぱい知ってそう！

MISSION 9-2

オカルトちゃん

の正しいほめ方

オカルトちゃんを知る

占い、都市伝説、心霊、オーラ、パワースポット、超能力、守護霊etc.──ハマる人はとことんハマる、目に見えない不思議な世界。

たまに「UFOは信じるけど占いは信じない！」という方もいらっしゃいますが、なんとなく分けるならスピリチュアル系は女性、男性は都市伝説やUFOといったロマン怪奇系を好むといった感じでしょうか。とはいえ、興味のない我々から見れば大差ないので、ここでは一緒くたに「オカルトちゃん」と呼ばせてもらいましょう。

占いやパワースポットは、少し落ち込んだ時や悩んだ時の気晴らしになるでしょう。フリーメーソンの陰謀論や、実は宇宙人はすでに地球人に紛れて住んでいる説などは、雑談にうってつけです。けれども、ずっぽりハマり込んでいる人たちは、かなり面倒な人にカテゴライズされるはずです。

ロマン怪奇系は、海外の有名予知能力者が「○月△日に日本に大地震が起きる」と言ったとか言わないとかで大騒ぎし、「災害の前にはUFOがたくさん出るんだけど、今回も出てる！」と、レンズの汚れっぽい、あるいは「これ気球じゃね？」という画像を興奮気味に見せてきます。こちらとしては、「お、おぉ……（大人なのに大丈夫かコイツ！）」と、日本の未来よりもオカルトちゃん本人に不安をおぼえざるをえません。

一方、スピリチュアル系は明らかに自分の不注意が招いたミスすらも運のせい、幸せになれないのは悪い霊のせい、あの人と気が合わないのは前世からの因縁のせいか守護霊同士が合わないせい、恋愛がしたい時は飲み会や夜の街ではなく早朝のパワースポットへ、仕事の悩み相談は同僚や上司ではなく占いの館へetc.── 一事が万事、この調子。何かを相談なんてしようものなら、手相であれこれと性格を決めつけるわ、風水的見地から部屋のインテリアに口出ししてくるわで、後悔す

見た目でわかる！ オカルトちゃんの生態

- 朝の占いでその日のテンションが決まる
- 心酔している占い師がいる
- 得体の知れない石を大切にしている
- 何につけても思い込みが激しい

ることウケアイです。

このような状況について、本人たちはまったく自分がヤバいとは思っていません。むしろ、「なんでみんながそんなにハマらないのか不思議」と感じているくらいです。オカルトちゃんになってしまう人たちのほとんどは、悲しい出来事がきっかけだったり、将来が不安だったり、現状に不満があったりと、さまざまなストレスを抱えています。基本的には心が弱っているだけなのです。

mission 9-2
正しいオカルトちゃんのほめ方

オカルトとか信じないけど、○○ちゃんの話はめっちゃ好き！

ポイント | ONE POINT ADVICE
「まったく信じないけど」を強めに出しつつ、目をキラキラさせながら言えると very good！

同ロジックのほめ言葉
「ほんとに純粋だよね。うらやましい！」
※もちろんバカにした感じはゼロで純粋に！

彼らが真剣に話せば話すほど、否定したり思わず鼻で笑ってしまいそうになるはずです。けれども、ここはグッと我慢です。まず、話をある程度聞いてあげること。それだけでかなり好感度は上がりますから、最後に感想としてこの一言を放ちましょう。彼らをほめる時は、いかに「肯定」「否定」から焦点をズラすかがポイントです。「めっちゃ好き！」と言い切ることで、「オカルトとか信じないけど」の部分を打ち消してしまいましょう。

WARNING! 1 懐疑・否定派と同席する

オカルトちゃんの永遠のライバルにして天敵が"懐疑・否定派"です。最初のやりとりはおもしろく聞いていられますが、すぐにケンカになってしまいます。一緒になった時はとにかく別の話題を提供しましょう。

WARNING! 2 「信じないけど！」を伝えきれていない

信じる信じないは別にして、彼らの話にはロマンがあって聞くだけならおもしろいはず。けれども「信じていない」ことをわかってもらえないと、仲間だと思われてしまうので気をつけましょう。

WARNING! 3 信じて拡散する

オカルトちゃんたちの話の中には「もうすぐ地震が来る」といった、冗談では済まない災害系もあります。おもしろ半分で聞いた話をSNSに投稿すると、周囲に無用な不安と不快感を与えるだけなので要注意です。

 あるいは、こんなアプローチ

オカルトちゃんたちのその手の知識量はハンパではありません。それを少しでも仕事に活かせられれば……と思うほどです。そこをついて「すっごい物知り！」とか「なんか知的！」とほめるのも、なかなか効果があるでしょう。

 その他、おぼえておきたいフレーズ集

話し方がうまいよね！

不思議なパワーありそう！

否定派よりも人間らしさがあるよね

mission 9-3

どんくさ BOY
の正しいほめ方

どんくさ BOY を知る

笑わせようとしてるのかと疑いたくなる運動神経の悪さ、カンタンな計算ができない、絶望的に音痴、すぐ切符やチケットを失くす、手先が不器用、買い物を頼んだら全然違うものを買ってくるetc.——何をやらせてもどんくさい、残念な人たちがいます。傍から見れば失敗ばかり、怒られてばかり。さぞかしお辛いことでしょう、と思いきや、彼らは意外にいつも元気です。

とはいえ、彼らは決してふざけているわけでもなく、私たちを怒らせるために挑発しているわけでもありません。むしろ、何かに取り組む本人たちの表情は極めて真剣そのもの。声をかけるのさえ、はばかられます。こちらとしては、結果がついてくることを祈るのみですが、もちろんその期待はことごとく裏切られることになります。よしんばミラクルが起きて事がうまく運びそうになったとしても、彼らのスペック"とにかく運が悪い"が発動し、

逆ミラクルで信じられない結末を迎えることも多いようです。例えば、行ったお店がたまたま休みだったというのはよくある話。けれども彼らはそのたまたまが3回続いたりします。働く職場がことごとく倒産したり、やっとできた彼女は二股どころか八股していたり、お祓いに行ったほうがよいレベルなのです。

そんなわけで、チームでプロジェクトを進める時などは必ず足を引っ張ります。できれば外しておいたほうが無難です。とはいえ、基本的には天真爛漫なので、プライベートでの彼らは人気者だったりします。仕事や時間がない時など真剣なシチュエーションではイライラさせられるけど、ドジも笑えるゆるゆるのプライベートなら、いてくれるだけで最高のキャラになるのです。

荷物を持ったらズボンの尻が破れる、塩入れと爪楊枝入れを間違える、フルーツを食べてなぜか歯が欠けるな

見た目でわかる！ どんくさBOYの生態

- 神がかり的に運が悪い
- 恋愛に鈍感
- ゲームのルールを覚えられない
- 走り方が変

ど、何をしてもまさにスベり知らず。それを笑ってあげることは、失敗に対する救いにもなります。そこにほめ要素を乗っけてあげれば、彼らを気持ちよくさせられるはずです。

もう1つ、ほめる際に注意したいのは、真面目ちゃんの存在です。どんくさBOYが失敗をしでかした時に向けられる笑いは、バカにした類いがほとんど。それに対して「笑うなんてかわいそう！」という人も、少なからず存在するのです。

mission 9-3

正しいどんくさBOYのほめ方

○○くんって絶対、笑顔の神様に愛されてるよね！

ポイント | ONE POINT ADVICE

感心と尊敬の意を全開に出し、ありがたさを感じながら言いましょう。拝むまでいくと、やりすぎです。

同ロジックのほめ言葉

「○○くんって、ホント羨ましいくらい、持ってるよね！」

※「持ってる」は「特別な運を持ってる」の略です

貧 乏神や疫病神は別として、何らかの神様に愛されていると言われてイヤな気持ちになる人はいません。テレビなどで「笑いの神様がついてる！」と聞くことはありますが、「笑いの神様！」までいくと、言いすぎな感が否めません。ちょうどいいのが、「笑顔の神様」です。

失敗にマジ怒りされて凹んでいる時は、慰めの意味を込めて「今回は笑顔の神様降りてこなかったな」と言ってあげましょう。

WARNING! 1 ほめすぎる

彼らは純粋なだけでなく、少しお調子者なところがあります。あまり頻繁にほめると「俺には神様がついてるし！」と、なんか変な勘違いを起こして失敗を反省しなくなります。調子に乗らないよう、乱発は控えましょう。

WARNING! 2 怒りすぎる

失敗が続くとイライラしてしまいますが、彼らをあまり怒りすぎると萎縮してしまって、前なら笑えた失敗すら笑えない空気になってしまいます。どんくさBOYは伸び伸びさせたほうが絶対に活きる人たちです。

WARNING! 3 過剰なイジリ

基本的にイジリやすいので、その場の笑いを取りたいがために、ついつい笑い者にしてしまいがちです。けれども見る人によっては、それを「いじめ」と感じることも。下手なイジリはあなたにとってマイナスです。

 あるいは、こんなアプローチ

「○○の神様」は、「愛されている」パターンとは真逆の「嫌われている」パターンとしても使えます。例えば行きも帰りもスマホを失くしていたら、「スマホの神様にどんだけ嫌われてんの!?」と、彼らのミスを笑いで救ってあげてください。

 その他、おぼえておきたいフレーズ集

ムカつくけど、許せるわ〜

ほんっとにキャラ得だよな！

ある意味、天才だよ！

MISSION 9-4

マジMくん

の正しいほめ方

マジMくんを知る

一般的にM男くんのイメージと言えば、"言われるがまま"とか"自己主張がない人"とか"草食系"といったところでしょう。けれどもM男くんに"マジ"がついた彼らの印象は、180度違うはずです。あまり知らない人や初対面の人は、どちらかと言うと彼らをSだと思うことのほうが多いかもしれません。マジMくんは、その立ち居振る舞いがかなりわがままだからです。

マジMくんは何でも思い通りにしようとします。こう書くと、「それってSじゃね？」と思われる方もいらっしゃるかもしれません。けれども、そもそもSは相手がやってほしいこと、求めていることに忠実なのが正しいプレイのお作法です。逆に、Mは相手にやってほしいことをしてもらう立場になります。つまり、SはMを満足させるためにがんばる、という構図なのです。主従関係でいえば、Mがマスター（master＝主人）、Sはスレイヴ（slave

＝奴隷）だと言えます。

そう考えると、合コントークで「Mです」という人に"自称S"がやっている言葉責めはNGであることがわかります。初対面、あるいは信頼関係のない人に責められても何も響かないのです。安易にテリトリーに入ってくるその様に、嫌悪感すら抱くといいます。とまぁSM談義はさておき、外見や言動からマジMくんは見分けられるのでしょうか？ よく言われるのは"辛い物好きはM"説です。"辛み＝痛み"というところから来ているらしいのですが、"痛み＝辛み"が成立していないので、正確ではないでしょう。

経験則で言わせてもらうなら、マジMくんはピンクや蛍光色、あるいは奇抜なファッションを好む傾向にあります。基本的に彼らは恥ずかしがり屋で、目立つことが嫌いです。それをあえて目立つファッションで注目を集めて恥ずかしがることで、何とも言えない刺激を得ているのです、たぶん。

見た目でわかる！マジMくんの生態

- そうは見えないくらい男っぽい
- ドM疑惑より先にゲイ疑惑がある
- 会社ではドSだと思われている
- 性にどん欲

ま　た、マジMくんは一匹オオカミ気取りの寂しがり屋だったりもします。大人数は苦手だけれど、基本的にはかまってもらいたい人なので、3～4人くらいはいてほしいと思っているのです。にもかかわらず、恥ずかしくて言えません。「1人がラク〜♪」とか言いながらも、それを無視してガンガン遊びに誘われると、ぶつくさ文句を言いつつ顔を出します。もちろん、内心めちゃくちゃ喜んでいるのは言うまでもありません。

MISSION 9-4
正しいマジMくんのほめ方

○○くんって、
人が求めること、
すごくわかってるでしょ？

ポイント | ONE POINT ADVICE

感心を込めて言いましょう。前に「ホントに」とつけるとなお good！とはいえ、確固たる信頼関係が出来上がっていれば、辱めてあげるのが一番でしょう。

同ロジックのほめ言葉

「人に何かさせるの、
　絶対うまいでしょ？」
※注文、おかわり、何でもかまいません。
彼らに何かやってあげたら、気づいたように言いましょう

マ ジMくんは、それが正解かズレているかは別にして、自分がしてほしいことを相手にもしてあげようとする傾向があります。だからこそ、「相手の気持ちがよくわかっている人」と言われると「その通り！ わかってくれてる!!」となるのです。それで心を開いてくれたところに、上から目線で決めつけるニュアンスの「〜でしょ？」です。Sっぽさをふんわり乗せてあげることで、一気に心の距離を詰められるでしょう。

WARNING! 1 初対面でMをイジる

"信頼関係"はマジMくんと仲よくなるために最重要ポイントです。決めつけ癖があるので、第一印象が悪いと挽回するのはかなり厳しいでしょう。特に信頼関係のまだない初対面でイジると100％嫌われます。

WARNING! 2 「俺（私）、Sなんだよね！」

マジMくんが一番嫌うのが自称Sです。もはや「お前をSかどうかを決めるのはMの俺じゃい！」とすら思っているので、自分がどう思っていようがいきなり言うのは危険です。「Sっぽいって言われる」くらいがよいでしょう。

WARNING! 3 "ドM＝痛いのが好き"という決めつけ

Mによって求めている刺激は多種多様です。マジMくんが喜ぶと思って、叩いたり、つねったりするのはNGです。「イヤよイヤよも好きのうち」と言いますが、喜んでいるか本気で嫌がっているかの見極めは最低限必要です。

あるいは、こんなアプローチ

M宣言をするタレントを見てもわかるように、Mっぽくない人もたくさんいます。どこかイメージと違う箇所を見つけたら、そこにフォーカスするのです。「なんかギャップがかわいいね〜」と、年上感を出して言いましょう。

その他、おぼえておきたいフレーズ集

何この肌〜！ 叩いたら気持ちよさそう!!

かわいいから、いじめたくなっちゃう！

MISSION 9-5

性 豪
////////////// の正しいほめ方 //////////////

性豪を知る

とにかく頭の中はHすることでいっぱいの野郎どもこと、性豪。彼らは本命の恋人をつくらず（建て前だけは多数）、セカンド、サード女子など都合のよい女子を常に数人キープしています。なぜか全員そこそこかわいいのが不思議なのだけれど、それでも飽き足らず、彼らはナンパや合コンでのワンナイト・ラブも日常茶飯事。まさに性欲モンスターです。

「女子を口説くのにはお金がかかる」と一般的には言われますが、彼らはそれを格安、もしくはタダでやってのけてしまいます。体目的で女子を都合よく扱うその立ち居振る舞いは、まさにゲスの極み、乙女の敵、非モテ男子の敵であると同時に憧れ。ちゃんと避妊するのだから、少子化に苦しむ日本の敵でもあります。

外見はチャラそう、あるいは遊んでそうなイメージがありますが、決してそうではありません。"いかにも感"が強すぎると、女子の警戒心が強く

なってしまうからです。真面目くんを装う人もたくさんいるため、見た目だけで決めつけることはできません。

わかりやすい特徴は、とにかく口がうまくておもしろいということ。これに、甘い言葉を平気で囁けたり、「きれいだね」とか「かわいいね」といった恥ずかしくて言えないほめフレーズをさらっと言えれば間違いないでしょう。その他、爪の手入れをしっかりしている、清潔感がある、優しさと強引さのバランスが絶妙、その場の空気づくりが上手といったことも特徴として挙げられます。

彼らは多少押しの強いところがあり、さらにゴリゴリのウソつきではあるとはいえ、決して無理矢理することはありません。乙女の敵、日本の敵であるとはいえ、その乙女との同意のもとでHしているのです。

だから「Hするほうもどうかと思うよ！」と言われればそれまで。周囲は「ギィー！」とハンカチを噛むしかあ

見た目でわかる！ 性豪の生態

- 浅黒い
- 爪のお手入れが完璧
- 部屋は間接照明の調整が完璧
- 下着がカラフル

りません。

そんなわけで、彼らは社会的に抹殺されることもなく、日々のうのうと暮らしています。むしろ成功者の頂に近く、世に名を残すような政治家、芸能人、アスリート界の大物たちの中には、この性豪がちらほらいらっしゃるようです。

SEIGOU

mission 9-5

正しい性豪のほめ方

男としてはカスだけど、オスとしては勝者だよね

ポイント | ONE POINT ADVICE

悔しいけれど認めざるをえない、という気持ちを込めると good！「カス」の部分は少し弱めに発声しましょう。

同ロジックのほめ言葉

でも、それだけ魅力があるってことなんだよね

※その"魅力"を出すための努力を惜しまないところもほめポイント！

生物のオスとして、よりたくさんの女性とHできている彼らは勝者です。自然界では強いオスがハーレムをつくるのが常。そんな生物本来のあるべき姿を立てるにあたって重要なのは、ここがサファリパークでもサバンナでもないということ。「男として勝者だ！」とほめ称えてしまうと、女子から袋叩きに遭ってしまいます。「カス」「クズ」など蔑視ワードをつけるのは、そうした人間界の倫理に配慮した姿勢を見せるためです。

WARNING! 1 オールのカラオケに参加する

Hに持ち込まれます。飲んだら終電で帰るか、朝までいるなら0時以降はお酒を飲まないようにしましょう。席位置は彼らとの間に常に1人挟んで、触られない距離をキープ。ボトルで飲む時は彼につくらせてはいけません。

WARNING! 2 ドライブに行く

Hに持ち込まれます。2人で車に乗ってはいけません。逃げ道がないので説得できるまでしつこく口説いてきます。これまでそんな感じじゃなかった人でも豹変する可能性があります。

WARNING! 3 家飲みをする

Hに持ち込まれます。むしろHしないと「じゃあ何しに来たの!?」という意味不明のお説教が始まります。けれども、これは行くほうが悪いのです。行くなら責任を持ってHに応じてあげましょう。

あるいは、こんなアプローチ

あなたが男子なら、おこぼれにありつける可能性があります。他の人をほめるよりも確率は断然高いでしょう。プライドを捨てて自らを"弟子"と割り切れれば、あらゆるほめフレーズが自然と湧き出てくるはずです。

その他、おぼえておきたいフレーズ集

男の俺でも、抱かれちゃう女子の気持ちはわかる！

結局、女子が好きなのは○○くんみたいな人なんだよ

MISSION 9-6

アラサー貧乏くん

の正しいほめ方

アラサー貧乏くんを知る

イイ年をして、いつも「金ねぇ〜！」とか「金欲し〜！」と、のたうち回っているのがアラサー貧乏くん。「病気になったらどうすんの!?」と思わず心配してしまうほどですが、実際「金がかかる！」という理由で病院には何年も行ってなかったりします。実家に仕送りをしていたり、何らかの事情で莫大な借金があったり、リストラに遭ったり、やむにやまれぬ事情でお金がないなら同情や理解ができます。けれども、ほとんどは自業自得なのが特徴です。

今よりもっとお金を稼げる仕事があっても「今が楽だから」とか「イチから新しいとこで働くのはめんどい」などとあれこれ言い訳を取り繕い、「っていうか、できれば働きたくない」などと言い始める始末。だったら今の収入に見合ったお金の使い方をすれば普通の生活ができるのに、給料が入ったらおごりまくったり趣味にブチ込んでしまうため、半月もすれば財布はすっ

からかん。もちろん貯金は常にほぼゼロです。

「大人としていかがなものか」という疑問に対して、彼らは「ケチよりもマシ！」と自信満々で言い切ります。けれども実際は、お金を借りに来るのでケチのほうがマシです。そして、この"お金を借りる"という行為にも、アラサー貧乏くん特有の特徴があります。

普通は1万円足りない場合、1万円だけ借りるものです。けれども彼らの場合、3万円を借りに来ます。「とりあえずは使わないけど、もしもの時にあったほうが安心だから、念のため」という言い方をするけれど、絶対に無駄づかいします。しかもその使い道は、「欲しいものがあったから」とか「おごっちゃった」といった具合に、全然「もしもの時」ではありません。ヒドい場合は、多めに借りたお金を"さらに貧乏くん"に又貸ししたりさえします。

とはいえ、アラサー貧乏くんたちは

見た目でわかる！ アラサー貧乏くんの生態

- 給料日に豪遊してしまう
- 年齢より老けている
- 趣味への金銭感覚は狂っている
- 性欲と酒欲は人一倍

基本、豪快で明るい人たち。お金がある時には気前がよいので、よくおごってくれたりもします。「こんなことするから、給料日前に金を借りに来るんだろうな……」と思いながらおごられるのは、なかなか複雑かもしれませんが、よい距離感でお付き合いすれば一緒にいて楽しいことでしょう。たとえ「お金がいつもない理由、そういうとこ‼」と注意しても、どうせ他の誰かにおごるだけ。とりあえずその場は、ありがたく出してもらいましょう。

mission 9-6

正しいアラサー貧乏くんのほめ方

なんだかんだで最後は絶対、何かで成功すると思う！

ポイント | ONE POINT ADVICE

目の前の本人に向かってではなく、一緒にいる人に放ちましょう。言われた人には、同意せざるをえない感を与えましょう。

同ロジックのほめ言葉

「今まで出してきた分は絶対、返ってくる人だよ」

※「イイ人だから」という前につけたり、そういう話の流れで言えると better

お説教される機会が多いこともあって、彼らもさすがに自分たちの将来に不安を抱えています。そこをさらにグリグリするよりも、ほめたいのは山々。けれども現状は、ほめるところが皆無です。だったら、将来性に目を向けるしかありません。将来のことなんて誰にもわかりませんから、何を言ってもウソにはなりません。「将来、きっと成功する」という期待を洗脳する勢いで放り込んで、現状打破の行動をアオってあげてください。

WARNING! 1 　将来の話をする

「そんなんで将来心配じゃない？」とか「親の老後とか考えない？」といった問題は、本人が一番よくわかっています。改めて他人に言われるとガタピシに落ち込みます。避けてあげましょう。

WARNING! 2 　お金を貸す

貸したら必ず返してはくれますが、返済した分、その月の支出が足りなくなります。結局、また給料日前に貸してほしいとやって来ることに……。もはやどっちのお金かわからない状態になってしまいます。

WARNING! 3 　貸したお金の使い道を聞く

彼らがお金を借りるのは、趣味につぎ込んだり、おごったり、ギャンブルで大負けしたりするからです。貸した以上、使い道をとやかく口出しするのはヤボというもの。けれども、こちらのモヤモヤは大きくなる一方です。

あるいは、こんなアプローチ

一歩間違えばパンクしてしまうギリギリのラインに身を置きながら、なんとな〜くやり抜けてしまう彼らは、何か不思議な力で守られているのかもしれません。その思いを「めっちゃくちゃ強い守護霊がついてそう」という言葉に乗せましょう。

その他、おぼえておきたいフレーズ集

生き方がかなりアウトローだよね

こういう人って
長生きするんだよね〜

MISSION 9-7

ド　キ　ュ　ン
DQN

の正しいほめ方

DQN を知る

公共の場所で周囲の迷惑を考えずに騒ぎ、品のない言葉づかいをし、髪はうんこ色、声のボリューム調整はバカになっていて、ファッションセンスが独特——「あ、こいつDQNだな」とひと目でわかるのが彼らです。なぜか小型犬が好きというかわいい側面もありますが、ほとんどの人が基本的にはあまり近づきたくない、仲よくなりたくないと思っていることでしょう。

とはいえ、彼らは素行こそ悪いものの、反社会的組織の予備軍でもなければ本物の悪人でもありません。果たしてそれほど忌み嫌うべき存在なのでしょうか？　ちょっとその特徴をさらってみましょう。

まず、DQNはSNS上で不特定多数に武勇行為（人によっては迷惑行為）を「俺らめっちゃおもろいやろ!!」と写真つきで発表したりします。コンビニのアイスコーナーに体ごと入る、バイト先の食材で遊ぶなどは朝飯前、万

引きや飲酒運転といった違法行為もアップしがちです。

もちろん拡散され、瞬く間に炎上します。そうなったが最後、すぐにDQNを目の敵にしているネット住民たちによって素性が丸裸にされ、コラ画像をつくられ半永久的に残るネット上に一生さらされてしまうので、慌ててロックをかけても手遅れ。彼らはSNSを頻繁に使っていながらネットの恐ろしさを知らないため、プロフに所在地、本名、学校または職場なども載せているため、たやすく特定されてしまうのです。

その他、弱者に強くて強者に弱い、1人では何もできない、車に異常なこだわりがある（田舎DQNに顕著）、漢字には詳しいけれど数字にはべらぼうに弱い、買い物はドン・キホーテ、財布がヴィトン、若くしてできちゃった結婚しがち、子どもに普通には読めない名前をつけるetc.——なかなかほめられるものはなさそうです。けれども、

マスクはアゴが定位置　 知らない友達を連れてくる

見た目でわかる！ DQNの生態

プリクラが好き　　アウェイだとめちゃくちゃおとなしい

唯一「これは！」という特長が1つあります。

そ れは"仲間思い"だということ。彼らが集団行動をするのは、"つるまないと何もできない"のも一因ですが、何より、友達と一緒にいるのが好きで好きでたまらないだけなのです。楽しいと思っていることがズレている、いやズレすぎている、言ってしまえばズレるにしてもほどがあるというきらいはありますが、仲よくなると楽しいことも意外と多いはずです。

mission 9-7

正しいDQNのほめ方

◯◯くんと一緒にいたら、普通じゃない経験いっぱいできそうだよね！

ポイント | ONE POINT ADVICE

前後に「悪い意味で！」とつける気持ちで、自然な笑顔で言いましょう。有名人など住む世界が違う人に言う感じで、憧れと羨ましさを込めて言いましょう。

同ロジックのほめ言葉

「青春映画にできそうな毎日っぽいよね！」

※見る人がかなり偏るVシネ臭がぷんぷんしますが、それでも映画は映画です

趣 味から遊び方、笑い、思考まで、あらゆるセンスが私たちとズレまくっているDQNです。彼らと行動すると自分は絶対にやらない、やるはずのない経験がたくさん積めると言えます。もちろん、あくまで「悪い意味で！」です。それさえ口に出さなければ、「何だか羨ましがられている」と感じさせることができます。「じゃあ今度一緒に遊ぼうぜ」と誘われたら、その場は了解しておいて、後日やんわり断りましょう。

WARNING! 1 テーマパークで遭遇する

DQN集団をテーマパークで発見したら、乗りたいアトラクションが同じでも、一旦別のにしましょう。並んでいる時も騒がしすぎてイライラします。最悪、アトラクションで暴れて緊急停止させることもありえます。

WARNING! 2 SNSで相互フォロー

いつ反社会的な投稿をして炎上するかわかりません。ネット探偵たちは本人のこれまでの反社会的行動を掘り起こすと同時に、つながっている友人たちの素行も同時に徹底調査します。

WARNING! 3 DQNの運転でドライブ

DQNは車が好きです。だから運転は決して下手ではないけれど、とにかく荒いのが玉にキズ。ムリして信号に突っ込む、強引に割り込む、そのくせ逆に割り込まれたら超アオるなど、乗せてもらうと気が休まりません。

 あるいは、こんなアプローチ

笑い・遊びが小学生レベルなのも、好きになったら一途で早婚なのも、イヤなことからすぐ逃げるのも、純粋だからこそ。普通、なかなかできません。「根はホントに純粋だよね」というほめ言葉は、彼らのためにあるフレーズなのかもしれません。

 その他、おぼえておきたいフレーズ集

知り合いでよかったわ〜！

ハマったものにはまっすぐだよね！

笑ったらかわいいんだよね〜

MISSI

だいぶイッちゃってる人
のほめ方

ON 10

よい悪いは別にして、何事も道を極めて突き抜けている人は、とかくほめづらいもの。しっかり生態を把握して、ピンポイントでほめましょう。知らなかった世界が広がるはずです。

MISSION 10-1

パーティピープル

の正しいほめ方

パーティピープルを知る

パーティピープル、いわゆる"パリピ"をひと言で説明するなら「パーティ好きな人たち」のこと。カウントダウン、クリスマス、ハロウィン、夏フェス、BBQ、W杯、毎週末のクラブイベントはもちろん、自宅でも友達の誕生日会、タコパ、鍋パ、寿司パetc.——パリピの手にかかれば、すべてがパーリー化してしまいます。毎日、お祭り騒ぎです。

そのため、彼らの週末はほぼ何らかのパーリーが入っており、週末に誘って遊ぼうと思うと1ヶ月待ちは当たり前。もしくは一緒にパーリーに参加するしかありません。そういうのが嫌いでなければかまいませんが、クラブパーリーに参加中は大きな音楽で踊る、「ポーポー！」やら「アーイ！」といった奇声を上げる、見知らぬ異性とテキーラを酌み交わしてすぐに仲よくなる、「バイブス」「エモい」といった独特の言葉を使う、リアクションの8割は「ヤバい」など、なかなかのチャ

ラさです。そういうのが苦手な人や嫌悪感のある人たちからしたら、ハッキリ言ってバカにしか見えません。けれどもパリピちゃんたちが全員アッパーなパッパラパーなのかというと、そういうわけでもありません。ちゃんとした人もたくさんいます。彼らは「たくさんの人と盛り上がるのが好き」「わいわい騒ぐのが好き」なだけで、常識知らず、不良、誰とでも寝るというわけではないのです。パーリーとは縁遠い人たちから勘違いされ、あまつさえ軽蔑すらされているのは、かわいそうだと言えるでしょう。

彼らと仲よくなるメリットは、とにかく男女・国籍・年齢を問わず、さまざまな業種の友達が多いこと。出会いが欲しい人にとっては、ぜひつかんでおきたい人材です。彼らは流行にも敏感なので、偏りはありますが流行りの情報も仕入れることができます。

もしもチャラついたイメージだけで

見た目でわかる！パーティピープルの生態

パリピが嫌いな人は、知り合いオンリーの小規模なものに一度だけ参加してみてはいかがでしょう。意外な魅力に気づかされるかもしれません。

パリピ本人は「遊び人」と言われることに納得していませんが、見た目だったりイメージから「そう思われるのは仕方ない」と半ばあきらめています。ほめる際は、その"偏見"と"あきらめ"にフォーカスしましょう。

MISSION 10-1
正しいパーティピープルのほめ方

偏見のある人、全員○○ちゃんに合わせたいわ〜

ポイント | ONE POINT ADVICE

ちゃんと理解してくれない社会や人々に対して少し怒り気味、ツッコミ気味で言う感じだと nice！

同ロジックのほめ言葉

「○○ちゃんのそのギャップ大好き！」

※少しでもパリピらしからぬ真面目な部分が垣間見えたら、すかさず！

「世間のイメージがどうであれ、あなたがちゃんとしていることはわかっているよ！」というメッセージが刺さり、パリピは救われることでしょう。「ナンパは絶対に断る」「礼儀正しい」「定職に就いている」など、世間が持っているパリピ像とは違うところを見つけたら「○○みたいなコって世間では遊び人（バカ）とか思われてるだろうけど」とはっきり貶めたあとで、この一言を伝えましょう。響くこと間違いなしです。

WARNING! 1 行ったことないのにイメージで批判

イメージだけでパーティを否定するのはよくありません。今後あなたがハマらないとも限りません。未体験な分、どハマりする可能性もあるでしょう。もしそうなったら恥ずかしすぎます。せめて一度は体験を。

WARNING! 2 「まったくクラブとかパーティにいそうにないのにね！」

「遊んでない」「真面目」ということを伝えたくても、この言い方だと「そういう場が似合ってない。ダサい人」と伝わってしまう危険があります。見た目や雰囲気とのギャップを立てる伝え方を心がけましょう。

WARNING! 3 知らないパリピ仲間を批判

基本的にはちゃんとしている人が多いのがパリピです。しかもあなたがつながっているコの友達なら、なおさら。ペラいようでけっこう仲間意識がある人たちなので、決めつけ批判は控えるのが無難です。

 あるいは、こんなアプローチ

SNSでほめるというのもアリです。彼らの投稿は必ず仲間たちと写っており、しかもその人々も全員が見ています。「みんなイイ人そう！」「みんなかわいい！」とコメントしてあげるだけで、全員テンション爆アゲです。

etc... **その他、おぼえておきたいフレーズ集**

メリハリをちゃんとつけててエラい！

めっちゃナンパされそう

一緒に何やっても楽しそう！

MISSION 10-2

欧米かぶれ

の正しいほめ方

欧米かぶれを知る

音楽、ファッション、グルメ、映画etc.——ほとんどのカルチャーは、今や欧米の影響抜きには語れません。ですから、欧米文化に憧れ、礼賛する気持ちもわからなくはありません。けれども、それが度を越して「欧米こそ至高」という価値観を持つまでに至ると、傍から見ると相当滑稽に映るもの。それが、この"欧米かぶれ"です。

彼らと接していて「？」となるのは、事あるごとに日本をディスりたがるという点。見た目はもちろん生まれも育ちも現住所も日本なのに、「そういうとこが日本人のダサいとこだよね」とか「日本人は考え方が古い」と、喚き始めるのです。そして、特にその傾向が顕著なのはマリファナとタトゥーの問題。欧米かぶれはもちろん、どちらも推奨派です。

言うまでもなくマリファナは、日本では禁止されています。けれども彼らは、実際にマリファナをやっているか

どうかはさておき、「マリファナはタバコよりも害がない」とドヤ顔で言い切ります。もちろんネット情報や同じマリファナ推奨派の仲間の言葉を鵜呑みにしているだけなので、根拠や理由を聞いても決して答えは何も返ってきません。

タトゥーはワンポイントで入れている人も少なくありませんが、これは少し面倒です。みんなでプールや温泉に「行こう！」となっても、そういった場にタトゥーを入れている人は入れないからです。

こんな時、彼らは「欧米のスターはみんな入れてるよ？だから日本は遅れてるんだよ」と意味のわからない言い訳をします。「そんなに欧米スタイルで暮らしたいなら移住しろよ！」とツッコんだところで、返ってくるのは「ムリ」の一言。理由は「英語できないもん。英語がしゃべれたらすぐ行くんだけどなあ！」というアンビリバボーなものです。

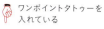 ワンポイントタトゥーを入れている
 生粋の日本人なのに、日本人を下に見ている

見た目でわかる！ 欧米かぶれの生態

英語力はゼロ　海外ドラマにすぐハマる

日の通勤通学時やクラブで洋楽を聴き倒しているのに、スピードラーニングならとっくに修了しているくらいは英語を聞いているのに、彼らのほとんどは英語がまったくできません。中には「一度も欧米に行ったことないけど？」という強者さえいます。「ちょっと……オバカなのかな？」という感は否めませんが、音楽やファッションなど海外の最先端情報にだけは詳しいので、いろいろ教わるにはありがたい存在でもあります。

mission 10-2
正しい欧米かぶれのほめ方

見た目は日本人、中身は外国人のある種ハーフだよね!

ポイント | ONE POINT ADVICE

うらやましさと感心をにじませながら言いましょう。機嫌がよければ、外国人っぽいリアクションをしてくれるでしょう。

同ロジックのほめ言葉

前世は絶対、外国人だったよね!

※ほめフレーズに"外国人"を入れておけば間違いなし!

一番刺さるのは「え!? 外国人かと思った！」と見た目をほめることですが、それはさすがにウソがすぎます。「中身は完全に外国人」もアリですが、"日本人と欧米人のイイとこ取りをしている人"にしたほうが響きます。のみならず、こちらが一番ツッコみたい「でもお前は日本人だけどな!!」という裏の意味も込められます。少しでも欧米っぽさを感じたら「そういうとこ、外人っぽいよね」と日頃からジャブを入れておきましょう。

WARNING! 1　日本の音楽シーンを語る

欧米で成功している日本人アーティストが少ないという理由で、彼らは"邦楽＝ダサい・遅れている"というイメージを持っている節があります。あなたの好き嫌いを問わず、頭ごなしに否定してくる可能性アリです。

WARNING! 2　日本大好き欧米人について触れる

彼らに対して「日本が大好きな欧米人もたくさんいるけど、そこはどう思ってるの？」という疑問が湧くのは当然のこと。けれども彼らは、それに対しての答えを持ってはいません。変な空気になるだけです。

WARNING! 3　細かいことを気にする

英語ができない、タイプはもろ日本人、全然レディファーストじゃない、フランクすぎる奴にムカつくetc.――彼らはご都合欧米ナイズな人たちです。細かいところはスルーしないと、ツッコミ疲れ＆ストレスが溜まります。

 あるいは、こんなアプローチ

　欧米大好きっ子の彼女たちは、誰かが欧米のことをほめるだけでテンションが上がります。「アメリカンな感覚ってイイよね」程度でも、「でしょ！ そうなの〜!!」となります。ノリノリで盛り上がってくれるので、費用対効果はかなりよいでしょう。

 その他、おぼえておきたいフレーズ集

外国人にモテそう！

海外ドラマに出てくるアジア人にいそう！

日本人なの、見た目だけだね！

MISSION 10-3

自称・恋愛マスター

の正しいほめ方

自称・恋愛マスターを知る

老 若男女を問わず、恋愛の相談に乗ってくれたり、アドバイスをくれる人はとてもありがたいものです。けれども、中にはありがた迷惑がハンパない人もいます。それがこの自称・恋愛マスターです。彼女たちの前で恋愛トークをはじめたが最後、「そういうとこが男（女）心をわかってないんだよ」と話をブッた斬ってまで上から目線でダメ出しをはじめ、「男（女）っていうのは○○してほしい生き物なんだよ」と、個体差を無視したざっくり結論を押しつけてきます。別にこちらから恋愛相談をお願いしたわけでもないのに、です。

そんなに言うのなら、さぞや立派な相手がいるのかと思いきや、しばらく恋人がいない場合がほとんど。たまに恋をしても脈なしで強制終了。口癖はもちろん、「イイ男いないわ〜」です。既婚者を好きになる率も高いようで、むしろ恋愛不適合者なんじゃないかと疑うレベル。なのに、なぜかいつも自信満々で「恋愛ってのはさぁ」と語るのです。本当なら"恋愛しくじり大明神"を名乗るべき彼女たちが真逆のマスターを名乗るのは、自分の恋愛を過剰に美化している恋愛ナルシストだからでしょう。

「自分は人よりもディープな恋愛経験（不倫！）がある」「何度も裏切られ傷つけられている（だめんずを好きになっただけ）」「付き合ってって言う男がいる（男はただヤリたいだけ）」など、よくある話なのに"私は人より恋愛経験豊富"という勘違いをしているので、上から目線になってしまうのです。以下のチェック項目で2つ以上チェックが入る人は予備軍です。注意しましょう。

☐ 恋愛ソングに「これ私のことだ！」
  とすぐ共感する
☐ 『anan』の恋愛特集がバイブル
☐ 崇拝する恋愛エッセイストがいる
☐ 若い頃に不倫したことがある
☐ 元彼と親友

見た目でわかる！自称・恋愛マスターの生態

☞ 不幸な恋愛しかしてない　　☞ 体形がだらしない

☞ 酒癖が悪い　　☞ 彼氏の職業がうさんくさい

「うんうん」と素直にアドバイスを聞いていると、彼女たちはほめられてもいないのに気持ちよくなってしまい、ずっと語り続けます。結果、だんだん聞いているのが面倒になってくるものです。まずはほめることで、そんな負の連鎖を一旦止めましょう。

JISHO RENAI-MASTER

MISSION 10-3
正しい自称・恋愛マスターのほめ方

今度、みんな集めて恋愛セミナーやってほしい!

ポイント | ONE POINT ADVICE
「ためになる!」「なるほど!」という気持ちを全力で込めて放ちましょう。かなり刺さるはずです。

同ロジックのほめ言葉
「恋愛ブログ書いてよ!
みんなに読んでもらいたい!!」
※ めんどくさかったり長くなりそうなら、
「続きは web で!」とお茶を濁しましょう

このフレーズによってよい気分になったら、彼女たちはもっと熱を帯びて語ろうとするはずです。そうなったらすかさず、「ダメダメ！ セミナー用に取っておいて‼ 私も楽しみにしておきたい！」と言って完全に止めましょう。

大事なのは、まだ「なるほど！」とアドバイスを聞いていられるうちに言うことです。めんどくさくなってからでは、どうしたって"切り上げたい感"が出てしまいます。

WARNING! 1 「でも結婚できてないじゃん」

彼女たちが一番言われたくない言葉です。散々上から恋愛を語ってきたはしごを外す行為だと言えるでしょう。これ以上の泳がされた感、辱めはありません。余計にムキになって恋愛を語りはじめることでしょう。

WARNING! 2 付き合ったばかりの恋人を紹介する

付き合いたてホヤホヤも彼女たちの大好物。長続きするコツをはじめ、アドバイスの押し売りをしてきます。しかも聞いてもいないのに、「あのコならたぶん大丈夫だと思う」などと評価を発表してきます。

WARNING! 3 恋愛相談に乗る

自称・恋愛マスターも恋に悩む時があります。とはいえ、相談されたとしても、あまり真剣に考えてあげる必要はありません。どんなアドバイスにも「でも」とか「それは違う」とか言いはじめ、長い反論がはじまります。

 あるいは、こんなアプローチ

恋愛論は、異性から「それは違う！」と言われたら終わりです。ここは1つ、"恋愛論を語りはじめたら持ち上げる"というルールを仲間内で作っておきましょう。男女両方から「わかってる〜！ さすが‼」とほめれば、120点のドヤ顔が拝めます。

 その他、おぼえておきたいフレーズ集

それ男（異性）に聞かせたい！

友達の恋バナも
聞いてもらいたいな〜

歩く恋愛名言辞典だね

MISSION 10-4

腐女子

の正しいほめ方

腐女子を知る

ア ニメ、マンガなどの架空のキャラクターから実在するアイドル、芸能人、歴史上の人物、身近な人まで、時には電車、建造物、動物、昆虫を擬人化させて男同士でくんずほぐれつ「ヤーヤーヤー」しているのを想像して楽しむような、腐っている女子が"腐女子"です。そういう関係ではない設定の男子キャラ同士を頭の中で日々BL（ボーイズラブ）化しているだけあって、その想像力や妄想力には目をみはらざるをえません。外見は地味め女子が多いイメージですが、意外にもかわいくてオシャレな女子もいます。

けれども、自ら公言している場合は別にして、彼女たちの存在を認識するのは一般の私たちには至難の業。やはり趣味が趣味だけあって、仲のよい人たち、あるいは同じ腐女子仲間以外には隠していることが多いためでしょう。そうは言っても、相手が腐女子要素を持っているかどうかを見抜くポイ

ントはあります。にじみ出るニオイは隠しようがありません。

ポイントその1は、絵がうまいということです。BLに目覚めるのは美少年アニメやマンガきっかけであることが多いためか、自分でお気に入りキャラのイラストを描く傾向にあります。何せ自分で好みのイケメンキャラたちを「ヤーヤーヤー」できるのですから、本気になればなるほど必須のスキルかもしれません。

ポイントその2は、彼女たちの情報収集・交換手段であるSNSのアイコン。オタク男子同様、高確率でアニメキャラのようです。ちなみにTwitterはほぼ100％やっていて、鍵つき、もしくはリアルな知人友人には秘密の裏アカで活動しています。

そんな彼女たちの恋愛観は、その過激な妄想に反してごくごくノーマルなようです。とはいえ、その好みは独特。現実の男性を愛せない、そもそも「人を好きになるって何？」な女子もいる

見た目でわかる！ **腐女子の生態**

- 休日は完全に引きこもる
- 極度の人見知り
- 女友達の名前にすぐ「たん」をつける
- すべての理想は二次元にしかない

ので、一筋縄ではいきません。

彼女たちは基本、妄想や空想の世界に逃避する人たちなので、ちょっと人間不信なところがあります。ですから、カミングアウトされても引かないであげてください。「この人は理解してくれる！」と思っていたのに、「マジムリ……引くわ〜…ないわ〜……」とか「え!? マジで？ ちょっとみんな〜！ 超おもしろいこと聞いたー!!」なんてことになると、さらに空想の世界に旅立ってしまいます。

MISSION 10-4
正しい腐女子のほめ方

ホント、いちいちセンスと発想がおもしろいよね！

ポイント | ONE POINT ADVICE

前に「さすが〜」とつける感じで言えれば good！刺さりすぎて、センスにますます磨きがかかることでしょう。

同ロジックのほめ言葉

「○○ちゃんて、他の人と視点が違うよね！」

※「1mmも共感できない！理解できない!!」ことを言い出したらこの一言

そ ういう設定ではないにもかかわらず、そういう風に見たり見えたりするのですから、その想像力はかなりのもの。けれども「想像力がスゴいね！」では、そのまますぎます。その点、「センスがある」なら想像力だけでなく、趣味嗜好からライフスタイルまで、"人間まるっとほめられたような感じ"を与えられます。さらに「いちいち」という言葉に悔しさを含ませて発することで、優越感もプラスしてあげましょう。

WARNING! 1 腐女子とオタク女子を一緒にする

「腐女子＝オタク女子」と思っている方がいらっしゃるかもしれませんが、BL趣味のある人が腐女子で、オタクか否かは関係ありません。オタク女子は腐女子と呼ばれることを嫌がりますし、その逆もまた真です。

WARNING! 2 興味本位で深く聞く

特にあなたが男子なら、「例えば!?」と興味を抱くのも仕方ありません。けれども、ノンケなら聞けば聞くほど気分が悪くなること必至です。本人たちもあまり具体的な想像内容は聞かれたくありません。

WARNING! 3 "腐女子＝アブノーマル"という偏見

彼女たちは作品としてBLを楽しんでいます。決して自らその世界観に飛び込みたいと思っているわけではありません。BL以外のアブノーマルに関しては、むしろ普通の女性よりも嫌悪感を抱いているくらいです。

あるいは、こんなアプローチ

あなたが女性なら「見てるとキュンキュンしちゃう！」とか「かわいすぎて抱きしめたくなる！」といった、ラブラブの恋人のような接し方、愛情表現をしてあげるのも効果的です。イチャコラしてあげると、デレデレになることでしょう。

その他、おぼえておきたいフレーズ集

○○ちゃんワールド、めっちゃ好き！

守りたくなるんだよね〜

作家向きだよね！

MISSION 10-5

どギャル

////////////// の正しいほめ方 //////////////

どギャルを知る

本人たちは全力でかわいいを追求しているのに、ケバい、頭悪そう、どうせビッチ、スッピンは別人、常識を知らなさそう、キャバ嬢予備軍など、どギャルにマイナスイメージを持っている人は、異性・同性問わず多いことでしょう。

けれども、どギャルにも個体差があります。たまたま好きなファッションがギャルっぽいだけで、ビッチなポンコツもいれば、ピュアでデキるコもいます。"どギャル＝バカ"と一括りにしてしまうのは、完全に早計だと言えるでしょう。

彼女たちが得なのは、そのマイナスイメージの強さゆえに、実際に会って話をすると「意外とちゃんとしてる」と受け取られる点です。電車でお年寄りに席を譲るという当たり前のことをするだけでも、年上の人に敬語を使うだけも、お箸をちゃんと持てるだけでも、貯金しているだけでも、ナンパには絶対ついていかないだけでも、父の

日に贈り物をするだけでも、「ギャルなのに!?」と評価は爆上げ。普通のことが、全部プラスに作用します。同じことをしても、全身ZARAちゃんだったらスルーされるのが関の山。最悪、どんなにバカでも「ギャルだから！」、失礼でも「ギャルだから！」となるため、決してイメージ以下のマイナスにはなりません。

また、彼女たちのコミュニケーション能力には目をみはるものがあります。誰とでもフランクに仲よくなれるだけでなく、わりと情に厚いところもあります。もちろん彼女たちは普通に接しているだけなのでしょう。けれどもその軽いノリのイメージゆえに、やっぱり「意外とちゃんとしてる」となるのです。

ほか、年度ごとに流行ったギャル語が発表されていることからもわかる通り、彼女たちは独特でおもしろいワードセンスの持ち主です。話をすれば、大いに刺激を受けるこ

見た目でわかる！ どギャルの生態

 すっぴんが別人　　 みんな同じ顔

意外と実家率が高い　　笑いの沸点が低い

とができるでしょう。もちろん、さまざまなジャンルの最新流行情報もケットできます。知り合いに1人いれば、きっと退屈しないことでしょう。ちなみに、これだけほめると「お前ら、絶対ギャル好きだろ！」と思われる方がいらっしゃるかもしれませんが、それは偏見というものです。

MISSION 10-5

正しいどギャルのほめ方

もう！ そのギャップ
反則だよ〜

ポイント | ONE POINT ADVICE

「ズルいよ！」と「悔しい！」という感情を 5：5 の絶妙な配合で伝えられると very good！

同ロジックのほめ言葉

○○ちゃんでギャルのイメージが変わった！
※最悪・最凶の汚ギャルと比較すれば、よいところしか見当たりません

彼女たちをほめたい時はとりあえず、全部の行為に「ギャルなのに」をつけるとよいでしょう。ほめポイントが無尽蔵に出てくるはずです。このギャップほめは、"世間が抱く悪いイメージ"を認識させると同時に、「だからこそちゃんとしなきゃ」という気持ちを湧き起こさせます。

とはいえ、あまりに使いすぎると「っていうかコイツの偏見、人としてヤベーな」と思われる危険があるので要注意です。

WARNING! 1 「全然ギャルっぽくないね！」

たとえ「中身が」という意味であったとしても、ギャルな彼女たちにしたら「似合ってない」とか「なんかズレてる」と言われているようなものです。それだったら、まだ「めっちゃギャルだね！」のほうがマシです。

WARNING! 2 人は、見た目が9割説を肯定する

世の偏見に日々、辟易している彼女たち。たとえそれがホストくんに対する言葉でも、「チャラい格好なのに、チャラいと思われたくないとか、超バカだよね！」なんて言った日には、遠回しにディスっていると取られます。

WARNING! 3 タチの悪いギャルには近寄るべからず

"根はイイ子"前提でどギャルを紹介してきましたが、中にはややこしい男連中とつるんでいるどギャルもいるので要注意です。仲よくしてOKなギャルとNGなギャル。その見極めはかなり重要です。

 あるいは、こんなアプローチ

「すごい芯がしっかりしてる！」というほめ方もあります。基本的に、ギャルに対する偏見は、彼女たちも承知の上でギャルっています。それでもギャルを続けるその様は、見ようによっては"芯が強い"と言えなくもありません。

 その他、おぼえておきたいフレーズ集

ずっと若いよね〜！

かわいいのを選ぶセンスあるよね

ギャルのお手本だと思う！

MISSION 10-6

勘違いブス＆ブサメンカップル

の正しいほめ方

勘違いブス＆ブサメンカップルを知る

愛した人がたまたまそうだったのか、互いに「わてみたいなブサイクにはこれくらいが丁度ええんやで……」と妥協したのか、美的感覚が現代とはマッチしなかった人たちだったのか、その交際事情をとやかく想像するのは、性格が悪い人に任せるとして、ここで取り上げたいのはあくまで"勘違いブス＆ブサメン"のカップルです。いったい何が"勘違い"なのか？順を追って説明していきましょう。

まず、彼らが問題なのは、とにかく"公共の場でイチャコラする"ということ。みなさんが嫌悪感を抱く最大の原因はこれです。特に多いのが駅前、改札口、電車内でしょう。頭なでなでからはじまって、体をベタベタ、濃厚なキス……「あれ？　こいつら放っておいたら、このままおっぱじめるんじゃね？」と疑うほど、その過激さはエスカレートしていきます。とどまるところを知らないのです。

彼らがそんなことになってしまう大

きな理由は、2つ。1つは「見せつけたい」という欲求。もう1つは、"2人だけの世界に没入している"ということです。これが美男美女なら、「ごちそうさま」かもしれません。けれども相手は何せブス＆ブサメン、後者のタイプならまだましというもの。前者のタイプだった場合、電車内や正面座席でスタートされたら、「おいおい、どしたどした」とツッコむ余裕があるのも、ほんの2駅分がリミット。

次第に不快感、敵意、憎悪、憤怒、殺意etc.──人には言えない感情がMAXに達します。そんな苦々しすぎる思いで見ているうち、こちらの視線を感じた男子は「羨ましいだろ〜」というドヤ顔をかまし、女子は「ヤラしい目で見て気持ち悪い！」と睨みつけてきます。

そうです、ここが勘違いポイントなのです。

そうなってしまう原因として、自意識がなさすぎることが考

見た目でわかる！勘違いブス&ブサメンカップルの生態

- 駅の改札でのバイバイが今生の別れレベル
- 電車の中を自宅と勘違いしている
- お互いすぐに浮気を疑う
- 夢の国が大好き

えられます。悪い意味で、人の目を気にしないのです。その証拠に、この手のカップルは総じて残念なファッションをしています。

また、それが初めての恋愛だったり、ようやく手に入れた恋愛だったりした場合は、超絶嬉しすぎて「みんなに見せつけたい！ 見られたい‼」となってしまうようです。

これは、ともにブス&ブサメンでなければ生まれなかったWの悲劇と言えるでしょう。

mission 10-6
正しい勘違いブス&ブサメンカップルのほめ方

運命の人が
ホントにいるなら、
2人は絶対そうだと思う!

ポイント | ONE POINT ADVICE |
恥ずかしがってしまわないように気をつけて、全力のキラキラ目線、ハッピー声で放ちましょう。

同ロジックのほめ言葉
その出会いって絶対、奇跡だよ!

※彼らの言う「偶然」や「たまたま」を全部「奇跡」に言い換えてお返ししてあげるだけです。簡単です

彼らは相当なロマンチスト。ドラマや小説のような熱い恋愛の真っただ中にいます。普段から「愛してる」とか「一生離さない！」と言い合っているのです。「理想のカップルだね」とか「お似合いだね」では、刺激が弱すぎます。「運命」とか「奇跡」といった恥ずかしくなるワードであればあるほどよいでしょう。少し恥ずかしいかもしれませんが、ニヤニヤ厳禁。あなたも彼らの恋愛ストーリーの登場人物になりきる覚悟が必要です。

WARNING! 1 興味本位でジロジロ見る

自分たちの世界に没入している彼らにとって、傍から見ている人たちの視線は好奇に満ちたものではなく、「羨ましい！」という意思表示以外の何物でもありません。見せつけるように、さらに燃え上がります。

WARNING! 2 彼氏（彼女）と仲よくなる

「絶対に好きになることはない！」と全財産、全臓器を賭けてもよいくらい断言できたとしても、彼らは相手と仲よくしている異性を見るだけで、「狙ってる！」と思ってしまいます。ほどほどの距離感が大切です。

WARNING! 3 紹介された時のファーストリアクション

直接でも写真でも、紹介された時に思わず笑ってしまう、驚く、引くといったリアクションは控えましょう。うっかりリアクションしてしまった時のために、対処法も頭に叩き込んでおきましょう。

あるいは、こんなアプローチ

紹介された時、フイを突かれすぎて思わずニヤニヤしてしまったら、必ず「どうした？」と聞かれるはず。そんな時はすかさず、「うぅん。めっちゃ好きそうなタイプ！って思って……」と言いましょう。「そうなるよね！」と納得してくれます。

etc... その他、おぼえておきたいフレーズ集

前世もきっと一緒だったんじゃない？

夫婦になってる絵が見える！

周りで一番のベストカップル！

MISSION 10-7

チャラ男

の正しいほめ方

チャラ男を知る

「**チ**ャラチャラしている男」という語源からして、信用できない、説得力がない、甲斐性ゼロ、ペラい、アホそう、ホラー映画なら真っ先に死ぬやつetc.——もう残念の塊のようなメンズ、それがチャラ男です。

彼らがそう思われてしまうのは、10割が見た目のせいです。そして、彼らほど中身が見た目まんまな男子もいません。ここでパンクスやギャルなら、「見た目だけで判断すんじゃねぇ!」と反抗してくるところです。けれども彼らはなぜか「え!? マジっすか?」と聞き返しながら、"まんざらでもない感"を出してきます。もちろん、チャラさにこだわりがあるとか、完全に開き直っているわけではありません。基本的には、何も考えていないのです。

ここまでくると、ある種、清々しささえ感じさせます。ホラー映画で真っ先に死ぬモブキャラというイメージとは逆に、現実ではこういう人が一番最後まで生き残るのかもしれません。

そんな彼らの長所は、とても気さくでフレンドリーなところ。コミュニケーション能力はすごく高いのです。けれども、その先の人間関係を築くことは苦手です。とにかく軽いので、最終的には「やっぱ信用できない」となるのです。このことは、女性関係にも言えます。

その話術、粘り強さ、折れないハートの強さで、ナンパするところまでの首尾は上々。いくつもの連絡先をゲットします。けれども結局は、即効でブロックされてしまうのです。飲み会では盛り上げ上手で、何のてらいもなく女の子をストレートにほめることができるためモテます。でも、やっぱり遊び人だと思われて、まったく実を結びません。

彼らが同級生や昔からよく遊ぶメンバーなど腐れ縁の中にいたら、その将来が少し心配になってしまうことでしょう。

見た目でわかる！ チャラ男の生態

 すぐに連絡先を交換しようとしてくる

 リアクションがデカい

 前髪に異常なこだわりを持っている

 意外にブス専

もちろん、彼らも真剣に「このままでイイのか、俺！」と思い悩む日がないわけでもありません。けれどもチャラ仲間からの夜の誘いがあれば、そんなことは忘れて遊びに行ってしまいます。それどころか、目の前の欲望に負けて友達を裏切ったりします。そんな人間くささが、意外に男子ウケするのも、また事実。年上の兄貴本能をくすぐるのです。

MISSION 10-7
正しいチャラ男のほめ方

ホントにめっちゃ
いいキャラしてるよね！

ポイント | ONE POINT ADVICE |
無邪気な少年、かわいいバカな弟を見るような感じで、ストレートに言えれば good ！

同ロジックのほめ言葉
「手がかかる弟みたいで、
マジかわいいよね！」
※犬などペットでも可。恋愛対象にならないものに例えてほめフレーズをつくりましょう

いつもテンションが高くてノリが非常によく、フットワークも軽い彼らはほどよい距離感でフレンズになると、何かと楽しい人種です。そんな彼らを表す"チャラい"以外の言葉は、「キャラがイイ！」の他に見当たりません。ここで「かっこいい」とか「ステキ」といったフレーズは使わないこと。「このコ、イケそう!!」と思われてしまいます。恋愛対象から外しているアピールも込めて、「キャラ」を使うのがベストでしょう。

WARNING! 1 「だってチャラそうじゃん」

女性が男性からの好意を断る時や、友達の恋を反対する時によく言ってしまうこの言葉。たとえ自分のことではなくても、チャラそうなことを理由に一刀両断されるのを聞くとけっこうショックを受けます。

WARNING! 2 結婚を前提に付き合う

チャラさによる女遊びの心配、友達からの心配や、「彼氏がバカ」というチョイ見下し、さらに両親からの猛反対etc.——面倒な壁がたくさん待ち受けています。引けるなら引きましょう。

WARNING! 3 出会いを求めて飲み会を開いてもらう

男友達は確かに多くても、チャラ男の友達はだいたいチャラ男。特に飲み会に集めるメンバーともなれば一軍のチャラ男です。見た目も中身も真面目な人との出会いを求めているなら、彼らに頼むべきではありません。

 あるいは、こんなアプローチ

ギャルと同様、彼らの言動すべての頭に「チャラ男なのに」をつければ、ほめやすいでしょう。大人ならできて当たり前のことも、ギャップ効果でよく見えてくるから不思議です。すぐ調子に乗るので乱発注意ですが、覚えておくとよいでしょう。

 その他、おぼえておきたいフレーズ集

許せるチャラさだよね！

ホント愛されキャラだと思う！

カラオケには○○くん外せないよね〜

mission 10-8

決めつけ野郎

/////////////////// の正しいほめ方 ///////////////////

決めつけ野郎を知る

例えば、最近好きな女優さんがいて「女優の○○っているじゃん？」と切り出した時、「あぁ、あのブス？ 何か、あいつブスなのに、めっちゃテレビ出てるよね！ あれなんで？」なんて返しをされて、もはやとても好きとは言えない……なんてことがしょっちゅうあるなら、彼はきっとこの決めつけ野郎です。

話を一通り聞いてから自分の意見を言うのが大人のトークマナーですが、彼らは自分の感性が絶対に正解だと思い込んでいます。そして、相手も自分と絶対に同じ意見だと思い込んでいます。

その前提でグイグイくるので、話そうと思っていたことが何も話せないこともしばしば。まぁ、好き嫌いに関しては人によって意見が分かれるので、イラッとはするものの我慢できなくもありません。けれども、以下のようなやりとりは、こちらとしては戸惑うしかないでしょう。

相　手「○○ちゃんって、絶対、子供嫌いなタイプだよね！」

あなた「え……むしろ好きなんだけど。なんで？」

この流れだと、普通は「え!? そうなの？ そんな気がしたんだけどなぁ……」となるものです。けれども彼らは、ここで「いいや！ 絶対嫌いだね!! 俺にはわかる！」と本人が「違う！」と言ってるのに譲らないのです。いったいなぜ、そんなことになってしまうのでしょう？

まず基本的に、彼らは頑固者です。そして自分が正解だと思っているため、意思の疎通確認を省きがち。人の話を聞かない"せっかち"なところがあります。さらに、話の主導権を握りたいのか、相手が出した話題でも自分の意見を先にブッ込みたがります。彼らは"負けず嫌い"でもあるのです。そして、自分が間違っていても、決してそれを認めることはありません。変に"プライドが高い"ため、

見た目でわかる！決めつけ野郎の生態

- 同じブランドの服しか着ない
- どんなことにも自信満々
- 好き嫌いの理由が独特すぎる
- 限定的に超几帳面

　認めることを「恥ずかしい」と思っているのです。また、彼らが絶対に正解だと思っていることは、たいてい「どうせ〇〇だろ？」という"偏見に満ちた"否定的なことです。

　……彼らの中では、このような残念な要素が混ぜこぜになっており、それをまとめているのが「自分が絶対正解！」という福袋（超ハズレですが）というわけです。根は悪い人ではないので、「この人はこういう人だから！」と割り切ってお付き合いするのが一番でしょう。

MISSION 10-8
正しい決めつけ野郎のほめ方

「コレ!」って軸は
絶対にぶれないよね!

ポイント | ONE POINT ADVICE
自信満々で彼らが「こう思う!」と決めつけた時が出しどころ。尊敬の気持ちを全面に出して言えば、完全にコングラチュレーション!

同ロジックのほめ言葉
「人の意見に左右されない
強さがあるよね!」
※「ちょっとは左右されなよ!」という気持ちは、
箱にしまって鍵をかけてしまいましょう

「**軸**（芯）がしっかりしている！」と言われて嬉しくない人はいない鉄板ほめフレーズです。中でも頑固、高プライド、負けず嫌い、自分が正解！ という"自信過剰系"の人たちに効くだけあって、決めつけ野郎には効果てき面。この場合の"「コレ！」って軸"は、"自分が絶対に正解だと思っている"という軸。言うことが毎回違う人でも、この軸だけは絶対ぶれないのでウソにはなりません。自信を持って堂々とほめてあげましょう。

WARNING! 1 決めつけ野郎1号2号と映画に行く

どストレートなわかりやすい内容ならまだしも、意見が分かれるものは絶対NG。もし2人の意見がぶつかった場合、お互絶対に折れることはありません。せっかくの楽しい鑑賞後トークが、変な空気になります。

WARNING! 2 情報ソースは決めつけ野郎1人

決めつけ野郎は、それがまだ噂段階でも自分の中で「そうだ！」と思ってしまったら、「かもしれない」が省略されてしまいます。ですから特に悪い噂を彼から聞いたら、必ず裏を取る癖をつけておきましょう。

WARNING! 3 それってプチ洗脳!?

恋人や上司、先輩など、あなたに上から目線で言う立場の人がこの決めつけ野郎なら要注意。「お前はどうせこうだ！」と決めつけた怒り方で、そうじゃないのに「そうなのかも……」と思い込まされてしまう危険性アリ。

あるいは、こんなアプローチ

彼らは判断を他人に任せず、自分で決める人たちです。その結果が間違いや失敗でも、「しょうがない！」と割り切る潔さがあります。そこにフォーカスを合わせ、「絶対に人のせいにしないよね！」とほめましょう。

その他、おぼえておきたいフレーズ集

男らしいところがいっぱいあるよね！

こだわりが深いよね〜

引っ張ってくれそうなタイプ！

今日から使える！
もっと！ほめフレーズ集

「あの人、ここまで紹介したタイプに当てはまらない！でも、ほめたい!!」という、みなさんのニーズにお応えするフレーズ集です。

「細マッチョ」ですね
☞ 少し痩せ型のナルシストに

（ビールの飲みっぷりを）
「CMみたいですねえ」
☞ 居酒屋で一杯目のビールを飲む上司に

「サーフィンやられるんですか？」
☞ ちょっと色黒の人に

「かばん重いですね〜。やっぱり本が入ってるんですか？」
☞ 目上の人に、席の荷物を取って渡す時に

「いまだに○○さんにお会いすると緊張します」
☞ めったに合わない先輩、上司に

「あの辺ってすごく高くないですか？」
☞ 住んでいる地域を聞いたら

「いいなぁ、▲▲世代って」
☞ 今も廃れない作品をリアルタイムで観ていた人に

「○○さんが入ってくると空気が締まりますね」
☞ 上司、先輩がオフィス、会議室に入ってきた時に

「社内の人間を三国志で例えるなら、○○さんは関羽ですよね」
☞ 上司とがっつり信頼関係ができている先輩に

「やりたいこととか、困ったことがあったら絶対にまず僕に声かけてくださいね」
☞ 気に入られたい小忙しそうな上司、先輩に

「僕、○○さんのこと世界で一番評価していると思います。僕が社長ならすぐ会社譲りますもん」
☞ 太鼓持ちが大好きな上司、先輩に

「仕事でももちろんですけど、○○さんの人柄に一番憧れてるんですよね」
☞ いつも確実に奢ってくれる上司、先輩に

「知り合いに
○○さんの話したら、
みんな会いたがるんですよね」

☞トークがうまい人に

「○○さんがいなかったら
とっくに会社辞めてると
思いますよ。
僕だけじゃないと思います」

☞後輩の面倒見がいい先輩に

「○○さん、そのうち
ヘッドハンティング
されちゃいそうで怖いんですよね」

☞自分ができない業務を
　ささっとこなしてしまう先輩に

「○○さんみたいな
父親だったら
最高だったのになぁ」

☞プライベートでも
　遊びに誘ってくれる上司に

「他の人に
同じこと言われるのと、
全然重さが違うんですよね」

☞当たり前のことを言ってくる
　上司、先輩に

「○○さんの一言って、
ちゃんと覚えておかないと
後で効いてくるんですよね」

☞仕事への向き合い方を
　教えてくれる上司、先輩に

「○○さんって大学の講師より
教えるの上手ですね」

☞仕事を丁寧に教えてくれる先輩に

「最近、○○さんに
助けられる夢を
よく見るんですよ。
まぁ“夢でも”ですけど」

☞これと言って話すことがない
　先輩、上司と2人きりになった時

「ためになる話をさせたら
ナンバー1ですよ」

☞酒を飲むと語り出す先輩、上司に

「僕の中で
○○さんのあだ名は
“ミスター正解”ですから」

☞「な？だから言っただろ？」が
　口癖の人に

「今すれ違った女の子、
○○さんのこと
めっちゃ見てましたよ」

☞ショーウィンドウを鏡代わりに
　するほどナルシストな人に

「全然蚊に刺されないですね」

☞清潔感のある人に

「電話かけたら必ず
2コール以内で出ますよね」

☞いつでもフットワークが軽い人に

317

「いつ電話しても起きてますよね」

☞夜型人間に

「もしかして、騎馬戦やる時って
上に乗ってました?」

☞グループを組むと
　必ずリーダーになる人に

「中学の時、ちょっとワル
だったんじゃないですか?」

☞ヤンキー要素がまったくない人に

「○○さんって肉食系ですよね」

☞ガサツな下ネタを言う上司、先輩に

「全然汗、
かかなさそうですよね」

☞ちょっと病的に色白の人に

「女装したら
絶対美人になりますよ」

☞スレンダーなイケメンに

「へ〜。手帳に書いとこ」

☞偶然に誕生日を聞いた時

「抗体強いですねー」

☞花粉症の時期にマスクをしてなかったら

「ヒゲの生え方、
イタリア人っぽいですね」

☞ヒゲが濃いのを少し気にしている人に

「高校、私立ですか?」

☞ファッションがモード系の人に

「下の名前で呼んでください!」

☞距離を縮めたい上司、先輩に

「福耳ですよね〜」

☞ほめるところが見つからない人に

「○○さんが失敗したり
怒られてる姿は
全然想像できないです」

☞後輩に自慢ばかりする人に

「ゲン担ぎに、ちょっと触らせて
もらっていいですか?」

☞出世が決まった人や、表彰された人に

「○○さんと別れた子って
完全に失敗ですよね」

☞昔の恋をずっと引きずっている人に

「女の子も○○さんといたら
絶対退屈しないですよ」

☞自分のことをおもしろいと
　思っている感が出てしまっている人に

「○○さんの
フットワークの軽さは
知り合いの中で一番ですよ」

☞飲み会の出席率が異常に高い人に

「後輩とかまったく
僕の話を聞かないんですけど、
○○さんが言ってたんだけど、
って言ったらグイグイ前に出て
聞いてくるんですよ」

☞後輩と先輩の距離を縮めたい時に

「さすが○○さんの目線は
違いますね」

☞見当違いの意見を出してくる先輩に

「今僕ら後輩の中で、
○○さんを頂点にした
ピラミッドができてますからね」

☞その日はどうしても多め、
もしくは奢ってもらいたい居酒屋で

「ただ、そんな○○さんが
僕は大好きですよ」

☞場違いな発言に言った本人も気づいて
ちょっと変な空気になった時

「○○さんの声、
めっちゃいい声ですよね」

☞カラオケで甘くバラードを歌われた時

「○○さんがいたらホント
場が明るくなりますよね」

☞いつもテンションが高い人に

「僕が思うに○○さんが
一番似合う季節は夏です！」

☞ポロシャツの襟を立てるタイプの人に

「やっぱり○○さんに
相談してよかったです」

☞プライベートの時間を割いて
相談に乗ってくれた人に

「僕、○○さんに会ったことで
一生分の運を使い果たした
と思ってますから」

☞上司、先輩の奥さんと
初対面のあいさつで

「でも逆にそれが○○さんの
いいところなんですよ」

☞自虐的なことを言われた時に

「子供、
すぐなつきそうですよね〜」

☞愛嬌オンリーの人に

「○○さんがいいって言った子、
だいたい売れますね！」

☞ミーハーな人に

「お母さん、絶対美人でしょ」

☞目鼻立ちが日本人離れしている人に

「地毛が、もう、
ちょっと茶色いですよね」

☞美人、イケメンの容姿を
ほめ尽くした、最後に

「赤、抜群に似合いますね!!」

☞いつもアグレッシブな上昇志向の人に

TOKIO KNOWLEDGE
トキオ・ナレッジ

誰でも知っていることはよく知らないけれど、誰も知らないようなことには妙に詳しい
クリエイティブ・ユニット。弁護士、放送作家、大手メーカー工場長、デザイナー、
茶人、ライター、シンクタンクSE、イラストレーター、カメラマン、新聞記者、ノンキャ
リア官僚、フリーターらで構成される。著書に『正しいブスのほめ方』『正しい太鼓
のもち方』『めんどうな女（ひと）のトリセツ』（すべて宝島社）など。『正しいブスのほ
め方』は繁体字版・韓国語版も発売され話題となる。

本書は小社より刊行した『正しいブスのほめ方』（2013年2月）、『一番わ
かりやすいブスのほめ方』（2015年7月）を加筆・改訂のうえ、再編集し
たものです。

STAFF

企画・構成 ── 坂尾昌昭（株式会社G.B.）
ほめ監修 ──── 溝端隆三

イラスト ──── 栗生ゑゐこ
デザイン ──── 酒井由加里（G.B. design house）
DTP ───── 徳本育民（G.B. design house）

正しいブスのほめ方 プレミアム

2016年5月28日　第1刷発行

著者　　　トキオ・ナレッジ
発行人　　蓮見清一
発行所　　株式会社宝島社
　　　　　〒102-8388　東京都千代田区一番町25番地
　　　　　営業　03-3234-4621
　　　　　編集　03-3239-0928
　　　　　http://tkj.jp
　　　　　振替　00170-1-170829 ㈱宝島社
印刷・製本　株式会社光邦

乱丁・落丁本はお取り替えいたします。
本書の無断転載・複製を禁じます。

© Tokio Knowledge 2016 Printed in Japan
ISBN 978-4-8002-5512-9